2004年のプロ野球

球界再編20年目の真実

THE PROFESSIONAL BASEBALL
IN
2004

山室寛之
HIROYUKI YAMAMURO

新潮社

2004年のプロ野球

球界再編20年目の真実

はじめに　「史上最大の危機」に残された謎を追う

２００４年、プロ野球は史上最大の危機に見舞われた。

近鉄とオリックスの球団合併、球団数が減り雇用が失われることに反発した選手会による初めてのストライキ、50年ぶりの新規球団となる東北楽天ゴールデンイーグルスの誕生、ソフトバンクのダイエーホークス買収――世論が白熱する中で、セントラル、パシフィック各6球団による2リーグ制というプロ野球の仕組み自体が「セ6・パ5の2リーグ」「10球団1リーグ」「セ5・パ5の2リーグ」と激しく揺さぶられることになったのである。

マグマが噴出したのはシーズン最中の6月13日。パ・リーグのオリックスと近鉄の合併構想が報じられたことによる。

そこから予想もしない出来事が立て続けに起きた。

30日、ＩＴ企業ライブドアが「近鉄球団を買いたい」と名乗り出た。近鉄は「すでに断った話だ」と相手にしなかったが、選手会は「買いたい企業があるのになぜ売らない」と世論に訴えるようになった。

7月7日のオーナー会議では合併を大枠で承認後、西武の堤義明が「パでもう1組の合併が進行中、実現後はパの4球団をセに加えてほしい」と訴えた。議長である巨人の渡邉恒雄が賛意を示し、報道は「10球団」「１リーグ」一色に染まった。

もし実現すれば２球団が消える。宙に浮くのは選手１４０人。さらにスカウト、スコアラー、バッティング投手、球団の一般職員、コミッショナー事務局、セ・パ連盟の職員、雇用契約ではない審判も含めて試合数減少による大量のリストラは避けられない。

７月８日、記者から「選手会長がオーナーと会いたがっている」と聞かされた渡邉が「無礼なことを言うな。たかが選手が」と口走った。これをきっかけに選手会へ同調する世論が高まった。マスコミの姿勢も変わり、「選手を無視する傲慢なプロ球界」と「球界の悪弊に立ち向かう選手会」という球界＝悪玉、選手会＝善玉論が勢いを増した。球場には合併反対の横断幕が揺らぎ、全球団の選手は球団消滅を防ぐ団結の象徴として12球団のチームカラーで作ったミサンガを手首につけた。

８月13日、渡邉が突然オーナーを辞任する。ドラフト候補の大学生へ巨人スカウトが現金を与えたことが発覚したためだった。強烈な個性で球界のかじ取りを担ってきた渡邉の退場で、混乱はさらに深まっていく。

９月６日、選手会は「オーナー会議が合併１年凍結を認めなければストに入る」と決議、同日にプロ野球実行委員会（セ・パ両リーグ会長、12球団の代表の計14人によって構成される球界の議決機関）は合併を承認した。２日後、オーナー会議は両球団の合併を最終承認し、「今日の段階では」の注釈付きで「来季はセ６、パ５」の２リーグ制の公式戦実施が決まった。「もう１組」は堤が「見通しが甘かった」と謝罪し、10球団１リーグ構想は消えた。

９月18日、近鉄・オリックスの合併をめぐる選手会とＮＰＢの交渉は、最大限の「誠意」か

「努力」かの文言をめぐる不毛の対立の末に、選手会が史上初のストへ突入した。ＮＰＢ側は23日「来季から両リーグ6・6の12球団制を視野に入れる」「新規参入を審査」「交流戦を採用」を約束し、ストは終わった。

多くのマスコミは、近鉄・オリックスの合併構想が表面化した6月13日から、ＮＰＢと選手会が「セ6・パ6」「2リーグ」の維持を確認しストを終えた9月23日までの１０３日間を対象に、検証と報道を続けた。

しかし、ここまでの騒ぎは球界再編の序の口に過ぎなかった。

10月13日、パ・リーグ6球団目の座に名乗りをあげたライブドアと楽天に対するＮＰＢの審査が進む中で、ダイエーホークスの親会社ダイエーが産業再生機構へ支援要請に踏み切った。支援が決まれば〝国営球団〟となるホークスは、買い手がない限り、自動消滅の危機が迫る。再び「セ6・パ5」への逆戻りが懸念された。

そこへ10月18日、ソフトバンクの孫正義がホークス買収希望を表明。これを受けて球界は公開ヒアリングによる審査を実施、12月24日にホークス買収を承認した。これに先立つ11月2日にオーナー会議で楽天の新規参入が認められていたこともあり、やっと05年からも「セ6・パ6」「2リーグ」でプロ野球を運営することが最終確定したのだった。

ところが、である。

プロ野球の「史上最大の危機」には、いまなお大きな謎が残されている。

それは「１０３日間」（6月13日─9月23日）と一部で重なる9月6日から10月28日までの53日間に集中している。

たとえば、球史初の選手ストの直後、揺れるプロ球界に楽天・三木谷浩史、ソフトバンク・孫正義が連続して参入したのは単なる偶然か。

あるいは、従来の「セ６・パ６」から、楽天、ソフトバンクが加わった「セ６・パ６」に落ち着くまでの間で、最も重要な分水嶺はどこだったのか。

膨大な報道を丁寧に整理し、関係者の新たな〝証言〟を重ね合わせると、危機に揺れる球界の最深部で人知れず躍動した者たちの姿が浮かびあがってくる。

５年の歳月をかけ、定着した通史の外側にも眼を向けてジグソーパズルを組み立てていった結果、予想もしなかった景色に出会えて驚き、喜びを味わったことも1度や2度ではない。

その奥深い迷路のような場所から掘り起こした「20年目の真実」を野球ファンの方々へ伝えて喜びを共有したい。

なお、本書では敬称を略し、肩書は当時のものとした。

２００４年のプロ野球　球界再編20年目の真実

目次

第３章　「近鉄いただきます」

第4章　もう1組合併進行中

プロ野球界における意思決定の過程について（2004年当時）

日本のプロ野球は社団法人の日本野球機構（以下、「機構」と略す）と任意団体の日本プロフェッショナル野球組織（以下、「組織」と略す）が密接不可分の関係をもって運営する。両機関の略称はともにＮＰＢである。

プロ野球の表立った活動はコミッショナー事務局、セ、パ野球連盟と12球団で構成される「組織」が中心だ。頂点のオーナー会議の下に、「球団を代表する役員」が委員となる実行委員会がある。双方とも議決・立法機関で、多くの規則や制度を実行委が決める。プロ野球界の憲法とされる野球協約の改正、コミッショナー選任、球団の新規参加や譲渡などの重要事項に限り、実行委員会の決定後にオーナー会議が承認して発効する。

実行委員会は両連盟会長と12球団代表の計14人で構成され、３分の２以上の賛成がなければ議案は可決できない。オーナー会議は12人構成で、４分の３以上の賛成がなければ議案は可決できない。また、コミッショナーは実行委、オーナー会議とも出席し意見は述べるが、議決権はない。

コミッショナーは組織を管理、統制し、本人の意思に反して解任されない。任期は３年で再任可能。野球協約の条文上、コミッショナーには絶大な権力があり、コミッショナーの指令や裁定、制裁などは最終決定で、この組織に属するすべての団体と個人を拘束する。しかし実際のコミッショナー権限は団体内の約束事であって外部には及ばない。

一方、「機構」はコミッショナー事務局員、セパ職員を雇用し、野球振興を目的に日本シリーズやオールスターを主催する。会長はコミッショナーが務め、「組織」と「機構」の業務、人事、予算は密接不可分に連動している。本書では、特別な場合を除いて「組織」と「機構」をＮＰＢと一括表記する。

2004年のプロ野球　球界再編20年目の真実

第１章　スターたちの渡米と沈みゆく巨艦ダイエー

イチローに続け

２００１年、日米のプロ野球界やファンは、オリックスからメジャーのシアトル・マリナーズへ入団したイチローのすべてのプレーに震撼した。

打数６９２　安打２４２　本塁打8　打点69　盗塁56　打率・３５０

ＭＶＰ、新人王、首位打者、盗塁王、ゴールドグラブ賞、シルバースラッガー賞

これがメジャー１年目のイチローが残した驚くべき実績である。

１９９５年の野茂英雄以来、97年長谷川滋利、２０００年佐々木主浩らメジャーへ挑戦した投手は制球力、変化球やクイックモーションなどを合わせてメジャーで十分に通用したが、野手は

「力負けする」と見る悲観論がまだ強かった。「日本人野手のパワーでは、メジャーの重いボール、速球に対応できない」という固定観念をイチローは打ち、走り、投げるたびに打ち砕いた。

日本で７年連続首位打者、５年連続最多安打、打点王、盗塁王各１回の華々しい実績を誇ってはいたが、これだけの超人的活躍は日米両球界やファンのだれも予想しなかった。

記録ばかりではない。守備では大飛球や猛ライナーに快足を飛ばして一直線に追いつく。送球は正確で低くてスピードがある。いつしかライトの守備位置は「エリア51」、送球は「レーザービーム」と呼ばれ、野球ファンを記録、記憶の両面で虜にした。


イチローは２０００年11月末、ポスティングシステムを利用してマリナーズと契約した。「自分と家族にとって人生で最も素晴らしい日になった。この喜びと興奮を励みにチームの勝利に貢献したい。本拠地は広くて大きい。私の細い腕では本塁打は無理。野手の間を抜く長打を打ちたい」とイチローらしい抱負を臆せずに語った。

ポスティングとは１９６７年に発効した「日米間の選手獲得協定」に代わる98年発効の「日米間選手契約に関する協定」に追加された制度である。１軍登録が規定日数に達した選手は、球団を移籍する権利（フリーエージェント権＝ＦＡ権）を手に入れる。また、戦力外通告などにより特定の球団の支配下に置かれていない自由契約選手も、実力しだいで希望のメジャー球団を選べる。ＦＡ権がない選手は国内外を含め移籍の自由はない。その制度に風穴を開けたのがポスティングシステムだ。

海外ＦＡ権がない日本選手が球団の許可を得てメジャーへ挑戦する際は、全米の球団へ選手名が通知され、交渉権を獲得するための入札が行われる。日本の球団が落札額を了承後に入団交渉が始まり、まとまれば落札額が日本球団へ払われる制度だ。現在は一部修正されたが、導入当初から、経営に苦しむ球団が安易に制度を利用することも予測され、「日本球界の地盤沈下を招く」「球団財務改善の起爆剤」などの賛否両論が交錯した。

イチローと同じ２００１年に、ＦＡでニューヨーク・メッツに移籍した新庄剛志《つよし》は、もともと評価されていた足と肩に加え、意外性のある打力で実績をあげた。投手だけでなく野手もメジャーで十分に通用することが実証された日本球界から、01年暮れから02年新春にかけ、石井一久、小宮山悟、田口壮ら投打の一流選手がＦＡやポスティングでメジャーへ向かった。

下降する〝体感指数〟

01年のプロ野球では、連覇確実と見られていた巨人は投手陣が崩壊してまさかの２位に終わった。ヤクルトが４年ぶり６度目、パは12年ぶりで大阪近鉄が４度目の優勝を飾った。日本シリーズはヤクルトが４勝１敗で５度目の日本一、近鉄はまたも覇権を逸した。

公式戦入場者はセ１２８０万人で微減、パは１０１２万人と２度目の大台を越え最多を記録した。試合数は前年より15多い４２０試合。１試合平均でセは１１５５人減、パは５００人増だった。

東京ドームの巨人主催試合の入場者は３７６万人と球団新記録をマークしたが、現場が受ける〝体感指数〟は明らかに下降していた。

開場を待つファンの列が急に短くなった。年間指定席の所有者が取引先や友人、知人らに配るネット裏の席も空席が目立った。内外野の通路後方の立ち見客が消え、日本テレビの巨人戦の平均視聴率も15・８％と前年比３・７％下落した。

リーグ戦の最終盤で巨人監督の長嶋茂雄が勇退を表明、新監督にヘッドコーチの原辰徳が昇格した。長嶋は終身名誉監督に就任したものの、ベンチを出て甲高い声で「アンパイヤ!!」と叫びながらゼスチャーたっぷりに選手交代を告げるユニホーム姿は見られなくなる……。長嶋がベンチを出るだけでスタンドが沸くほどの人気があり、その姿見たさに球場へ出向くファンも多かった。勇退は球界全体の観客動員にも影響する懸念材料だった。

02年６月にはサッカーの日韓ワールドカップが開催される。前売り入場券の競争率は１３７倍から２９１倍と異常な関心を呼んでいた。01年のシーズン中に、巨人がワールドカップ期間中の公式戦開催日程の調整を提案したのは、強い危機感の表れだった。

野球人気の衰退をうかがわせる現場の体感指数、長嶋の勇退、迫る日韓ワールドカップ、海の向こうのイチローの飛翔。波乱に満ちた01年シーズンを締めくくる11月５日のオーナー会議でコミッショナーの川島廣守が次のように1年間を総括した。

「イチローの活躍によってメジャーの野球を誰もが見るようになり、日米の野球が比較される時代が来た。日本の野球界は、スポーツ多様化、ファン層の高齢化、少子化、経済不況など日ごとに厳しさを増しており、決して楽観できない。

球界繁栄のためいまこそ試合時間の短縮が重要ではないか。いつも監督や選手に呼びかけたが実現しない。これはファンの希望を無視していないか。ファンを大事にするプロ意識をもっと強く持って、試合時間はなんとしても短くしなければいけない」

緊張感がある川島の総括に渡邉が反応した。

「３時間超の試合でもボールが動く時間は30分から40分だ。投球間隔を短くする必要がある。リリーフはブルペンで投げて登板するからマウンドから３球投げれば十分だ」

「ナイター中継は午後９時20分過ぎに打ち切りだからヤマ場は中継終了後に来る。これでは野球人気に影響する。巨人は来年、時間延長可能なＮＨＫやＢＳにも中継してもらう」

渡邉の提言に近鉄の金森茂一郎、広島の松田耕平らベテランオーナーが同調した。

日本代表チームをプロ野球選手だけで構成する３年後（04年）のアテネ五輪の開催は夏で、シーズン中であり、各球団の主力選手をどう選ぶかが注視されていた。

「いい選手を出して金メダルを獲得すればまた野球人気はあがる。プロ野球全体、ファンの望みを考えて交流試合など心を開いて考えたらよい。皆さんの考えを尊重しながら進めたい」

この数年来、交流戦を熱望するパの前に立ちはだかってきたのは、そう話した渡邉本人である。

渡邉の交流戦反対のメッセージで有名なのは１９９６年４月22日、パのオーナー懇談会で議長役のオリックス宮内義彦が「コミッショナーに交流戦実現への強権発動を要請、受け入れられなければセへ同調してきた国際試合などでパ独自の方法を考えたい」と表明した時のものだ。

渡邉は「（オリックスは）最近球団を買収したばかりなのにイチロー人気に便乗して球界をひっかき回そうとするのは傲慢だ。セはこういう新興成金型オーナーに振り回される必要はない」と言い切った。交流戦はセ各球団の対巨人戦を減少させる。１試合１億円とされた巨人戦放映料が減少すれば経営を直撃する。交流戦の話が浮上するたびにセの各球団オーナーからは「陳情」

と「泣き言」が渡邉のもとへ届いた。

その渡邉が２００１年に一転、交流戦への前向きな考えを示した。真意をつかみかねたのか、オリックスの宮内はじめ各オーナーは賛否も明らかにせず、沈黙のままに会議は終わった。

11月14日、渡邉は日本新聞協会の定例理事会に出席後、再び交流戦実施を語った。

「オーナー会議で議論したとき、反対はなかった。あとはコミッショナーがどう日程を組むかだ。勝ち負けを公式戦に含めるのか、結論はまだ出ていない」

「ペナントと別に（交流戦が）できれば来年でも面白い。再来年は是非ともやりたい。セの6球団の賛成がないといけないけどな」

発言で重要なのは先のオーナー会議の発言に「セの6球団の賛成が必要」「交流戦を公式戦とするかは未定」と「制約」が加わったことだ。セの各球団から「巨人戦が減るのは死活問題」など悲鳴のような声が渡邉のもとへ届いていた。

2度目の交流戦発言が伝わると、沈黙していたパの全球団が賛成を表明した。

オリックス「歓迎する。実現へ向かって進めば球界の発展につながる」

西武「公式戦に組み込んでもらえれば」

ダイエー「嬉しい。21世紀の新しいプロ野球の考え方だ。球界のためいろいろやらねば」

近鉄「阪神と戦えば大阪が活性化する」

日本ハム「公式戦で2連戦とし2年単位でホームとビジターでやればよい」

大まかには、巨人戦が減る分だけセの球団は減収、パはその分増収となる。

阪神「パの観客が増える分、セは減るから球界全体の振興にならない」

中日「いろいろ条件があり、実現は3年後かな」
ヤクルト「交流戦の位置づけが問題。相当時間がかかる」
セ側はいつも通りの否定的反応を見せた。巨人は「球界を盛り上げねばとオーナーと話している。各球団も好感を持ったのでは」と抽象的な反応を示した。

ニッポン放送、横浜球団の筆頭株主へ

11月15日、交流戦実施の機運を吹き飛ばす騒ぎをプロ野球実行委員会が引き起こした。実行委はこの日、横浜球団のオーナー企業マルハが持つ球団株の一部をニッポン放送が取得して51％以上の株主となることを仮承認した。先だってマルハ社長の中部慶次郎が10月25日に川島を訪ね、両社の合意を伝えた。横浜球団株は、ほかにＴＢＳが保有しており、株の移動でオーナー企業はマルハからニッポン放送へ変わる。

野球協約では、既存球団を譲り受けて球界へ加入する際は30億円、新球団を作り加入するときは60億円の加盟料を払う決まりがある。今回は、球団のオーナー企業は交代するが球団内部の株の移動である。これは加盟料支払いに該当するのか。

ＮＰＢからの問いに機構の顧問弁護士が「譲り受けは１９８８年にダイエーが南海を買収したように外部の組織が既存球団を買収した際が対象、60億円は新球団を作った企業が球界に加盟する際に適用される。今回は球団内部の株式譲渡による筆頭株主の交代で加盟料支払いの対象ではない」との解釈を初めて示した。

横浜球団の筆頭株主がマルハからニッポン放送へ変更されることの可否を論議する場がこの日

の実行委だが、会議冒頭、事務局がマルハから川島への報告経過、顧問弁護士の見解を説明したため、実行委は「オーナー企業の交代」の正式な承認をニッポン放送の保有株数が最終確定するまで先送りした。

実行委の仮承認直後、横浜球団オーナー中部慶次郎とニッポン放送社長亀渕昭信がただちに記者会見した。中部は「ファンや地域に新しいサービスを提供するためにメディアが主導的な役割を果たすのが良い」、亀渕も「デジタル時代にプロ野球という優良コンテンツを得て安定した放送権を持てる。中継権は最後まで放映してくれる局に売りたい」と語った。

実行委が顧問弁護士の判断に従い仮承認したのは自然なことだが、野球協約上のもう1つの大原則「公正な試合の確保」をまったく審議しないという致命的な失敗を犯した。

野球協約183条（他球団の株式所有）は「球団、（中略）球団の役職員及び監督、コーチ、選手は、直接間接を問わず他の球団の株式（中略）を所有することはできない」と明確に他球団の株式取得を禁じる。「公正な試合」は勝敗を競うプロ野球界にとって1丁目1番地に位置する絶対必要条件だ。球団が別球団の株式も所有、その両者が優勝などをかけて対戦すれば、どちらが勝ってもあらぬ疑惑や憶測を招く。このために「株式所有の禁止規定」は存在する。

実行委員会開催当日に、スポーツニッポン（以下スポニチ）が「マルハが持つ球団株55％の一部を30％持つニッポン放送へ譲渡、同放送が筆頭株主になる。球団名は変わらない」とスクープ、「フジテレビがこの春ヤクルト球団株6・7％を20％に買い増した。フジテレビの筆頭株主は34・1％を持つニッポン放送」と指摘し、「フジサンケイグループの影響力が横浜、ヤクルトに及ぶ」とはっきり記した。

ニッポン放送がオーナー企業として横浜球団と直接、ヤクルトにもフジテレビを通じて間接的につながることはスポニチの記事を読めばすぐわかる単純な図式だ。

実行委の開催時刻は午後1時で、それほど慌ただしい時間帯ではない。コミッショナー事務局、セパ両連盟関係者、さらには12球団の出席者のだれ一人、スポニチの特報に気がつかなかったのか。読んでも問題と感じなかったのか。それともまさか１８３条を失念したのか。

前代未聞の撤回表明

各新聞は翌16日、横浜球団の筆頭株主交代と同時に１８３条問題をようやく取り上げた。

朝日は条文の目的が「『八百長』の防止」にあり、ヤクルト球団株主であるフジとグループ企業ニッポン放送が横浜球団を持てば両球団の試合には「不透明なものがまじってしまう」と懸念を示した。

スポーツ紙も「セにヤクルトとフジサンケイグループの2球団　『協約抵触』の声も」（日刊）、「身売りではない……問題点も浮かんだ」「フジサンケイグループで2球団所有」（スポニチ）と見出しを立て、疑問を呈した。このことは一般、スポーツ紙のプロ野球担当記者が１８３条の存在を認識していたことを示している。

球界内部からの声は渡邉が最初だった。

「野球協約は球団や監督、選手が他球団の株を持つことを禁止している。協約違反だ」

「フジサンケイグループはヤクルト株を売って横浜球団のオーナーになるべきだ。会社が違ってもグループの一員だからな。読売が巨人の株を持ち、大阪読売が阪神の株を持っていいのか」

「日本テレビにセパどっちでもいいから、どっかの球団を買ってもらってだな。いい選手をみんな巨人へくれと。俺が聞きたいのはそれをやっていいですかということだ」

「同様の問題が再発しないように曖昧な野球協約の早期改正を進めるべきだ」

「西武が怒っている。球界に入る時に持っていた横浜球団株をちゃんと売ってきた。今度はそれを許すのですか。明らかに論理的な矛盾だ」

渡邉はストレートな分かりやすい論法でコミッショナー、実行委員会へ対応を迫った。

西武が怒っているとは、どういうことか。

横浜球団は１９４９年秋にプロ野球がセパ両リーグへ分裂した際、マルハの前身大洋漁業が新球団「大洋ホエールズ」を結成してセへ加盟したのが始まりだ。横浜球場が完成した78年春、本拠地を川崎から横浜へ移し、その後「横浜大洋ホエールズ」、「横浜ベイスターズ」と球団名は変わってもマルハがオーナー企業を続けてきた。横浜球場の建設に堤義明率いる国土計画が協力し、堤も大洋球団の株を所有した。78年10月、堤がクラウンライターライオンズを買収、所沢に「西武ライオンズ」を創設した際、１８３条を理由に大洋球団株をニッポン放送とＴＢＳへ売却した。球界公知の事実だった。

２００１年11月29日、緊急実行委員会が開かれ、先の仮承認を白紙撤回した。

記者会見で深々と頭を下げた川島は「あの時点でニッポン放送がフジテレビの株を30％以上持っているとは知らなかった。調査不足だった。今後このようなことが起きないよう心したい」と語った。承認から2週間、前代未聞の撤回表明である。

「球団名、地域権、フロントスタッフが変わらず球団の同一性は保たれ、30億の加盟料は不要」

と、コミッショナーとしての最終見解を表明した川島は「野球協約はずさんだ。今回を教訓として、協約改正、洗い直しをするために各球団の意見を集約する」と強い口調で語った。

02年1月、マルハは全横浜球団株をＴＢＳへ譲渡することで合意し球界から撤退した。川島は26日のオーナー会議で「疑義ある場合、コミッショナーが最終判断する協約の規定により加盟料の徴収は不要と判断した」と説明した。これで横浜球団をめぐる騒動はいったん落着したものの、オリックスの宮内は加盟料徴収に疑問を呈した。

「球団を売却するにはそれなりの事情がある。買い手が出せる金額は決まっている。加盟料は苦労して球団を運営してきた側の取り分を30億円減らすだけではないか」

関係者によると渡邉がただちに野球の品格など別の観点から次のように反論した。

そもそも球団は商品のように簡単に売り買いするものではない。消費者金融や風俗業がオーナー企業になるのは問題だ。一定の品格や野球への熱意を協約に記してはどうか。経済力以外も審査する。そうすることで野球を不朽の国技とうたう協約の目的にかなう――。

加盟料徴収の可否が新しく球界へ参入する企業の参加資格まで広がり、ついに加盟料そのものの必要性が議題として緊急上程され採決へ持ち込まれた。

オーナー会議では4分の3以上の同意がないと議案は承認されない。不承認を避けるために、可能な限り話し合い、折り合いをつけてきた。慣例を破った異例の採決は「加盟料不要」が近鉄、オリックス、ロッテ、日本ハムの4球団で、変更に必要な9票に達せず現状維持が決まった。

同時に野球協約上の三つの問題が明らかになった。

①球団、監督、選手らに他球団の株を持つことを禁止しながら、ＮＰＢが球団株主の実態を一度

も調査したことがなく把握方法もない

②野球協約にある「加盟料、参加料」の解釈が定まっていない

③球界の変動期を迎えながら加盟、参加を希望する企業の参加資格・適否を問う「ガイドライン」がない

ひっそり誕生「加盟料」「参加料」の目的は

　野球協約改正の中で完全に欠けていたのが「加盟」する際の形態によって新球団から徴収する30億、60億円の「加盟料」の目的と使途である。

「加盟料」はバブル景気が最終段階に入った1991年7月15日の実行委員会で承認され発効したが、その趣旨も含めて何ひとつ発表はなくひっそりと誕生した。

　半年後の92年4月7日、朝日新聞編集委員の西村欣也が「プロ野球『経営』するなら支度金を　新規参入60億円　買収30億円　機構・球団に分配　〝憲法〟の協約改正」と特報して明らかになった。なにか隠したい意図があったのかと勘繰りたくなるNPBのやり方だ。

　西村は「球団増設は現実味がないものの、財政難から一部球団の身売り話のうわさは絶えない。しかもプロ野球人気が下降気味だけに巨額の『不労所得』を狙った協約改正とも見られるが論議を呼びそうだ」と指摘した。

　作家の藤本義一は「富裕な商人だけに幕府が糸などの輸入を認めた江戸時代の割符制度と同じではないか」、コミッショナーの吉國一郎は「12球団には築いてきた営業権がある。そこにタダで参加するのはどうか。30億円程度は差しさわりがない。球団売買のうわさが随分出ており、その前に改正しないと意味がない」とコメントした。

当時、急速に業績を拡大中の新興企業が社会人野球へ進出、あわよくば著名な元監督を担いで球界へ参入する動きがあった。

パは3年前の88年、名門南海がダイエーに、阪急もオリックスへ球団を売却するなどの動きが続いた。加盟料が決まる経緯をダイエー球団代表坂井保之が記している。

「理事会の席上、私は思い立ってこの問題を正式に提起、不適当な球団譲渡を未然に防止するなんらかの条件を検討すべきではないかと提案した。この不適格というところが問題だった。どう表現するか。そこで揉んだ結果出たのが、加盟保証金の案だった」（『プロ野球血風録』新潮社、２０１２年）

坂井は元総理大臣岸信介の首席秘書官・中村長芳がロッテ球団社長に就任する際にフロント入りした。中村は旧制中学の先輩だった。以後「黒い霧事件」で経営不振の西鉄ライオンズを個人で買収、球団名に「太平洋クラブ」や「クラウンライター」を付けるネーミングライツで苦しい球団経営を続けた挙句に西武へ売却し所沢へたどり着いた苦労人だ。

ダイエーホークス第一次身売り騒動

野球協約改正論が白熱する中で、ダイエー球団身売り説が２００２年1月9日の中日新聞夕刊の報道で突然表面化し、協約改正の議論とダイエー球団の経営問題は絡み合って進行していく。

ダイエーは本社の経営を圧迫する1兆７５００億円（系列信販会社分を除く）に及ぶ連結有利子負債を大幅に削減する「新再建3年計画」を主力銀行団と急ぎまとめていた。

有利子負債を3年後の05年2月期決算までに1兆円未満へ圧縮する目標のもと主力行は4200億円を金融支援、ダイエーはホテルや外食店などの売却・清算、不採算店舗50店閉鎖、グループ正社員の6000人削減などを進める計画だった。

このため、銀行団は1000億円超の有利子負債を抱える福岡3事業をダイエー本体から切り離し、一括売却することを選択肢のひとつとして検討していた。

3事業とは「福岡ダイエーホークス球団」、球場、ホテルの興行、営業を担当する「福岡ドーム」、不動産を所持する「福岡ダイエー・リアル・エステート」からなる。

検討中の案を中日新聞が1月9日の夕刊で「ダイエー再建　債権放棄8000億円検討　主力4行　球団売却要請も」と報じ、テレビが追随。一般紙、スポーツ紙も10日の紙面で「球団を含む3点セット売却が急浮上」「ダイエー身売り」「激震」「聖域なし」と報じた。

18日にダイエーが「新3か年計画」（02年3月—05年2月）を発表、世間の注目が高い福岡3事業はドーム球場とホテルを将来売却、球団はダイエーが引き続き福岡で存続させることを盛り込んだ。首相の小泉純一郎も「ダイエーの破綻は小さな影響では済まない。金融不安や無用な混乱回避のために政府もできる限りの措置を講じる」と発言、騒ぎは終息した。

降ってわいた騒ぎに巻き込まれた福岡事業3社の社長はダイエーホークス球団のオーナー代行を務める高塚猛《こうつかたけし》である。1999年春、ダイエーの創業者中内㓛が3事業の指揮を高塚に任せた。岩手県の経営不振の老舗ホテルを立て直した高塚の手腕と強烈な個性を高く評価した抜擢である。

高塚は「ほかの球団は商売道具が野球しかない。うちは球場とホテルがある。そこが違う。球団、球場、ホテルを総動員して〝戦略商品〟を編み出そう」と呼びかけ、福岡ドームが球団のチケットやグッズ販売をホテルの宿泊とセットで進めた。ホテルの婚礼と野球チケットもセット販売してホテル稼働率をあげるなど、あらゆる手段、方法で、球場に年間３００万人の観客を集めてパを代表する人気球団に成長させた。球団株はダイエーが６割、オーナー中内正が４割を所有、ほかの２社はダイエーがほぼ全株を所有していた。３社をダイエーが事実上、完全に支配していたゆえに完成した独特の構図だった。

監督に王貞治が就任して以来、チームは急成長し99、２０００年はリーグ戦を連覇した。99年は中日を破り日本一、00年は長嶋巨人とのＯＮ決戦で敗れたもののファンを沸かせた。

ダイエーを高く評価する渡邉は、ダイエー問題が火を噴くと擁護と協約改正の必要性を刺激的な発言で繰り返した。

「プロ野球のためにもワンちゃん（王監督）のダイエーはなくなっちゃいかん」

「銀行なんて（球団を手にすれば）高く売れるならどこにでも売るだろう。消費者金融やギャンブル企業が買ったらどうするつもりだ。変な企業に渡らないようにオーナー会議を開いて徹底的に審査したい。加盟の拒否権を発動できるよう協約を改正する必要がある」

協約改正にかける渡邉の持論が02年２月２日、朝日新聞の「私の視点」に「プロ球団　安易な身売りは許さない」の見出しで掲載された。核心は最後の部分だ。日本の野球協約３条「協約の目的」を引用して論旨は展開する。

「３条の目的を達成するには単に企業上の目先の利害のため、米国流に安易に身売りするようなオーナー企業は、日本のプロ野球機構から退出願うほかない」

「ホークス球団が債権者集団の意のままに別企業に売買されるのを阻止するためには、オーナー会議の参加球団譲渡に対する拒否権は断固行使すべきだ」

渡邉が日ごろ「オーナーは野球協約を理解しなければ何も前へ進まない」と語り、協約に精通していることは球界で広く知られている。寄稿内容への賛否は別にしても渡邉の協約改正についての考え方は改正案を審議中の各球団、ＮＰＢ関係者へも届いたはずだ。

野球は「社会の文化的公共財」

野球協約の改正でもっとも時間がかかったのは、まさに渡邉が朝日紙上で主張した「参加球団譲渡に対する拒否権」の盛り込みかたである。

川島は「球界の品位を貶める企業の審査基準」設定を記者会見で表明し、渡邉は「目先の利害に左右される」企業を否定する考えを力説した。

そこで協約３条「協約の目的」に次のような『　』部分を加えた。

> ３条（協約の目的）この協約の目的は次の通りである。『この組織を構成する団体および個人は不断の努力を通じてこの目的達成を目指すものとする』
>
> ⑴わが国の野球を不朽の国技にし、『野球が社会の文化的公共財となるよう努めることによって』、野球の権威および技術にたいする国民の信頼を確保する。（以下略）

社会の文化的公共財というのは実に幅広い抽象的な概念だが、プロ球界への参入を目指す企業は単に資金力だけでなく、文化的公共財を運営するだけの〝品格〟〝資質〟を備えているか否かまで問えるようにしたのだ。

それまで新球団の参加に必要なのは協約31条（参加球団の変更）で「出場する公式戦の前年11月末までの届け出」、32条（株式の譲渡）で「球団が株式の49％超を譲渡する際はあらかじめ実行委員会の承認を得る」の2点だけだった。問題企業が球団株を3つの完全子会社に2割ずつ買わせて6割を取得すれば、32条の壁もクリアできる。オーナー会議の関与は一切うたわれていない。

そこで31条を「（新たな参加資格の取得、または譲渡、球団保有者の変更）」と改め、同条(2)として球団株主・球団株主になろうとする者に対し逐次取得や間接取得を含め「49％を超えて球団株を取得しようとするとき」は実行委、オーナー会議の承認事項とし、球団の筆頭株主の交代を把握できるようにした。

32条「（株式の譲渡）」も「（審査）」に改め31条による申請に、「実行委員会およびオーナー会議は厳正に審議し、承認または承認拒絶の決定をするものとする」と拒否権を盛り込んだ。

さらに、拒否権をうたう以上は、球界参入を希望する企業の適格性をどう判断するか、一定の目安となる基準が必要となる。激論が続いた。例えば消費者金融、ギャンブル企業、風俗営業などスポーツに相応《ふさわ》しいとはいえない業種を具体的に書き込むことができるのか、である。

「個別の業種を拒絶する理由を正面切って説明できるか。業種を決めれば訴訟のタネをまく」

「具体的に書けばそれ以外が排除できない。審査の裁量が狭くなる」

「日本国憲法の前文のように漠然とした理念を表記すればよい」

さまざまな意見の末に機構弁護士が示した「基準は内規とするのが適当」で落着した。

承認を拒否する内規には次のようなことが盛り込まれた模様だ。

◇オーナーが経営努力を尽くさないまま経営悪化や倒産危機を理由に球団を譲渡しようとする
◇新オーナーが野球の権威、品格、国民の信頼を失わせる
◇球団を単に企業の売名目的にする
◇球団経営に十分努力を尽くさない

いずれもかなり主観に影響される内規だが、オーナー会議や実行委が内規をもとに参入希望者を「承認拒絶」すれば新規参入も既存球団の譲渡もできないことがはっきりした。

協約３条の「目的」の１つ「構成する団体および個人は不断の努力を通じてこの目的達成を目指す」を補完する強力な内規が加わったのである。

また、新たに協約57条の２（選手の救済措置）として、球団の合併や倒産など球団側の理由で支配下選手の契約が解除された場合、「実行委、オーナー会議の議決により、他の球団の支配下選手の数は前記議決で定められた期間80人に拡大される」が加わった。

以上の改正原案が02年７月９日のオーナー会議で承認され即日発効した。１月10日のダイエーの身売り騒動の際と、２月２日に朝日新聞の「私の視点」で渡邉が２回主張した「拒否権行使」が半年後の改正案成立でようやく可能になった。

一方、渡邉が01年秋に提案した「球界危機打開のための交流戦」は、提案直後に始まった横浜球団株譲渡問題と協約改正論議、ダイエー球団身売り騒動に関係者が忙殺されて、対応が遅れた。

02年１月17日のパ・オーナー懇談会で会長の小池唯夫が現在の公式戦を１４０から１３０試合へと減らして、新たに２試合総当たりのセパ交流戦を加え１４２試合制とし、２年間で主催球団

が入れ替わる私案を公表した。渡邉の交流戦発言から２か月以上経過してようやく出たパの公式反応である。変化が激しい時代の対応としてはいかにも時間がかかり過ぎた。

１月26日のオーナー会議で、ダイエーの中内正が「簡単ではないがオーナー懇の総意として来年からの交流戦実現を目指す。早いうちに両リーグ協議の場を作りたい」と提案、小池も「やれることは何でもやる気持ちだ。セの事情も分かるがファンの期待もあり交流戦を実現させたい」と要望した。小池の案を実現させるには、セも公式戦を１３０試合とする必要があるが、小池がセ側に働きかけた形跡はない。はたして渡邉の反応は冷たかった。

「セの半数以上が賛成しない以上、私は交流試合に賛成できない。交流戦をリーグ戦に組み込めば公式戦の純粋性がなくなる」

最後は阪神の久万《くま》俊二郎が「交流戦をやりたいという話はセには全くない」と突き放した。

交流戦実施は巨人戦を巡るセパの利害関係に直結する。まずは減収確実なセ球団の承諾を得たうえで、次に実行委、オーナー会議の審議事項にもなる重要問題だ。

ダイエーの経営問題はいずれパを混乱させ、セへ伝播する可能性がある。そこに交流戦が加われば巨人戦が減少するセの各球団はダブルパンチを受ける。ダイエー危機をきっかけにセの球団から交流戦に否定的な意見が重ねて渡邉に届いていた。「４分の３」の同意がなければ何ごとも決まらない制度上、少なくともセ５球団が反対する交流戦は不可能と渡邉は現実的に判断したのだろう。渡邉が動かなければ何も変わらない、変えられない。それが当時の球界の現実だった。

巨人、球界を襲う松井ショック

球界全体を動かす渡邉さえ動かせなかったのが巨人のスーパースター松井秀喜のメジャーへの憧れと挑戦意欲、頂点を目指すアスリートの闘争本能だった。

「長嶋後」の02年、巨人原辰徳、阪神星野仙一が新監督として指揮を執る球界は盛り上がった。阪神は開幕７連勝、巨人は３連敗と対照的なスタートを切るが、不動の４番松井が調子を上げて４月27日から８連勝、５月に初めて首位に浮上し阪神と激しい首位争いを演じた。６月16日、巨人は甲子園で阪神に快勝、３度目の首位に立つと独走状態に移り、９月24日２位ヤクルトが中日に敗れセ・リーグ30度目の優勝を飾った。

巨人対西武の日本シリーズは上原浩治、桑田真澄、工藤公康《きみやす》、高橋尚成の巨人先発投手が次々に勝ち星をあげ４連勝して日本一を達成した。松井は第２戦で先制２塁打、第３戦は逆転ヒットと活躍したが本塁打は不発だった。

公式戦の松井は全試合４番・センターでフル出場、本塁打50、打点１０７、打率・３３４で３度目のＭＶＰ、打点王、本塁打王、最多出塁、８年連続ベストナイン、３年連続ゴールデン・グラブ賞に輝いたほか、４番連続４１５試合、９年連続全試合出場など数々の大記録を打ち立てた。松井は、自らの打撃の好不調や試合経過にかかわらず、攻守交替の際はいつもセンターとベンチの間をきちんと走って往復した。無言の姿がナインを励ましファンに安心感を与えた。すべてにおいて巨人を支える文字通りの大黒柱だった。

原は10月31日、渡邉へ優勝を報告、その席で松井の残留に向け組織を挙げて対応すると確認した。ところが、松井は同日深夜ＦＡ権を行使、メジャー挑戦を宣言した。

打撃術を一から教えてもらい師と慕う長嶋に、松井は同夜まず電話し「権利を行使してメジャーに挑戦したい」と懇願した。次いで原に「来季からのメジャー挑戦に長嶋さんからも了解をいただいた」と報告した。最後に球団代表の土井誠へ権利行使を通告、巨人は万事休した。

松井は11月1日、ホテルで記者会見し、メジャーに憧れる気持ちと巨人への愛着のはざまで揺れ続けた心境を語った。

――いったいいつから挑戦を考えたのか。

「メジャーへ憧れを持った時期はよく覚えていない。メジャーの試合を良くテレビで見るようになったここ数年は現実的に考えるようになった」

――今後の球界に与える影響をどう思うか。

「（日本の野球が）地盤沈下することも考えた。心苦しいが、今の時点ではしょうがない」

――ファンにこの場で伝えたいことは？

「ジャイアンツファンの皆さんには本当に申し訳ない気持ちでいっぱいです。松井秀喜というプレーヤーの心意気をすべて出し切ってファンの皆さんへ恩返ししたい」

――巨人への愛着は今もあると思うが。

「最後の最後まで悩み抜いた。何を言っても裏切り者と言われるかも知れないが、いつか〝松井、行って良かったな〟と言われるように頑張りたい。決断した以上は命をかけてやる」

――長嶋さんや原監督とどんな話を。

「球界全体やジャイアンツファンのために、と長嶋さんから何度も言われ心苦しかった。最後はわがままを聞いてもらった。原さんからもＦＡを取得した日と、シーズン最終戦後も『これからもジャイアンツのため、ともに頑張ろう』と言われた。最後は一人、自宅で決めた」

　自分の実力で取得したＦＡによる正々堂々の「権限行使」を「わがまま」と言い換えたことに松井の苦悩の深さと誰もが愛す人柄がうかがえた。

　松井のメジャー挑戦を長嶋は「球界の４番移籍にファンは落胆するでしょう。スーパースター、ヒーローが少なくなるのは球界ＯＢとして寂しい」、王も「大変な決断をした。こうなった以上は気持ちよく送り出してあげるべきだ。イチローは広角打法で安打、打率を残す選手、松井は本塁打を要求されるからなおさら大変」と語った。

　読売新聞社は７月１日から持株会社「読売新聞グループ本社」を新設、巨人もグループ直属の「株式会社読売巨人軍」となり、ビジターのユニホームも「ＴＯＫＹＯ」から「ＹＯＭＩＵＲＩ」へ変わり新しい黄金期へ第一歩を踏み出した。そこへ大黒柱松井のメジャー挑戦である。イチローに続く球界の至宝流出に球界は本当の危機到来を実感した。

ホークス第二次身売り騒動

大黒柱が欠けた構造物はもろい。松井秀喜が去った03年の巨人がまさにそれだった。見るも無残な戦いが続き、55試合を終えた６月６日時点で首位阪神から10ゲームも引き離された。１年前に比べ信じられない姿だった。

　渡邉は10日「俺の仕事は新聞の社説を決めることだ。これからは安全保障と日本経済のことしか考えない。しかしだな、体を張っても球界の改革だけは１年以内にやり遂げ、堀川へ任せる。今年でもいい」と大改革を予告した。堀川とは球団社長に就任した堀川吉則（前・読売新聞東京本社副社長）のことだ。
「カネを使わない球団は辞めてもらわないと。ダイエー（スーパー）がどこに売却されるか知らんが、ワンちゃんのダイエー（球団）だけは守る」とも語った。

報知は11日、「未解決の問題がある。ダイエーの身売りがどうなるか。近鉄はサラ金に選手の体を売った。オリックスはどうか」を加えて「年内にも渡邉巨人オーナー勇退へ」と報じた。

すでに5月下旬からダイエー球団の第二次身売り騒動が起きていた。ダイエーに関する発言はタイムリーなものだが、近鉄やオリックスが唐突に飛び出したのはなぜだろうか。それぞれに意味はあるに違いないが、マスコミ報道は渡邉の「退任」「勇退」にフォーカスした。

03年5月23日、「ダイエー、球団売却検討　福岡残留条件に、負債削減上乗せ　主力行、週明け要請」と日経が朝刊1面に大見出しで伝え、ホークス身売り騒動が再燃した。

ダイエーは騒動後の計画に合わせて「箱もの」の球場・ホテルに興味を示すコロニー・キャピタル、ローンスターなど外資を含む5社から買収後の事業計画を募る際、「箱もの」単独売却のほか、「球団を含め」一括売却した場合の事業価値を算出するように求めた。

その結果、「球団売却を前提にした買収額は最大６００億円程度で、保有し続ける場合に比べて2倍近く高かったもよう」「各行は売却価格が高い方が支援額を抑制できるとみて、ダイエーに球団売却を要請する」と各行は方針を転換した。

ダイエーが球団を持ち続ければ選手の補強費が十分にまかなえず、チームが弱体化し球場・ホテルの稼働率が低下する――など、球団売却構想が浮かんだ経過も同紙は具体的に指摘した。

報道通りなら、02年1月の第一次騒動の際、球団を継続保有、球場とホテルは将来売却すると明言したことと正反対の方針転換となる。実際に前日のダイエーの株主総会後、社長の高木邦夫は「福岡事業のドームとホテルの処理を協議中だが、球団は福岡ドームを拠点とすることが一番望まれている。継続して保有したい」と記者会見で説明したばかりだった。

高木の説明と真逆の報道に、ダイエー本社は23日午前、「ホークスは地元にとって重要な球団で、引き続き保有したい。球団を除く福岡事業は04年2月末をめどに再編を進めており、様々なスキームで検討しているが具体的なことは決まっていない」と報道を打ち消した。

懸命な否定コメントにもかかわらず、騒ぎは広がった。その日の夕刊で朝日は「ダイエー球団売却案　経営陣否定　主力銀は要請へ」、読売も「ダイエー、球団売却案が浮上　福岡本拠地など条件」と同様の趣旨で追随した。

地元紙西日本の夕刊は「ホークス〝市民球団〟構想　福岡3事業　再生へ売却案　地元と経済界が支援方針」と別の視点から1面のトップで報じた。

主力行は「球団、球場、ホテルが三位一体で運営しない限り黒字化は無理」と判断し、地元経済界が球団を福岡へ残すために多数の地元企業が出資する市民球団を構想し、財界首脳が福岡ドーム球場の市営化を非公式に打診した――というのが記事の骨子だ。

新聞の見出しは分かれたが、「球団は当面存続、球場、ホテルは売却」するという当初の計画とは全く異なる球団売却構想を水面下で銀行団が検討し始めた客観的事実を共通して伝えた。

再生機構とダイエーの思惑違い

7月20日、ダイエー球団売却案の具体的内容を再び日経が明らかにした。

球団オーナー中内が持つ4割の球団株は今年度中に本社がいったん全株を保有する。「箱もの」つまり球場とホテルの落札企業は球団株の1割を持ち、3割は地元企業が引き受ける。残る6割は落札企業自身が指定する企業へ売るようにダイエーへ「請求できる」権利を与える。ただし、中内の処遇や地元の協力が得られるかははっきりしない――以上が報道の要点だった。

読売も同日の朝刊で「ホテルと球場の買い手に球団の売却先をダイエーに請求できる指名権を与える案が浮上している」と伝えた。

福岡事業の「箱もの」の買い手はすでに外資3社に絞られていた。外資が影響下にある企業を球団売却先として請求すれば、外資支配のプロ球団が誕生する可能性が現実化していた。

球界のさまざまな動きをよそに産業再生機構社長の斉藤惇は7月28日、福岡で地元3行とダイエーの福岡事業問題で意見交換、夜間に無人の福岡ドームを地元の財界関係者と訪れて「人がいなければドーム球場はただのコンクリートの塊だ。人が来てキャッシュフローが生まれて初めて球場に価値が出る。野球の試合は年間で70日間しかない。ほかの日にはコンサート、展示会などで絶えず人を集めることこそが建物を生かす道だ」と語った。

福岡3事業の中でも球団とドーム球場は一体であることに価値があり、切り離すべきではない。隣接のホテルは球団・球場とは切り離しも可――これが再生機構の考えだった。

機構はバブル後に激増した金融機関の不良債権処理と経営不振企業再建を目的として03年4月に国が設立した。主力銀行と企業から支援の要請を受けた機構が企業の資産内容を査定する。再建可能と判断できれば、支援が決まる。非主力行の債権を買い取り、主力行とともに企業再建に取り組む制度だ。買い取りの原資は税金、買い取りの期限は05年3月末日までと決まっていた。主力行が抱えた不良債権は正常債権に格上げされ、金融機関の経営改善につながる。このためダイエー問題への機構の取り組みは設立時から政財界の最大の関心事となった。

8月17日、ホークスに早くもマジックが点灯した。優勝へ向けたカウントダウンに入り、福岡の街では球団残留を求める雰囲気が一気に盛り上がった。

地元銀行は「優勝を目前にして市民を敵にまわす球団売却を論議できない」、ダイエーも「市民の熱意を無視した話題はスーパーの不買運動に結びつく」と恐れ、一括売却案を棚上げし、当面は球団をダイエーが保有、球場・ホテルだけを売却する3か年計画の原案に戻ることでダイエーと銀行団がまとまった。

9月5日、ダイエー社長の高木、主力銀行幹部は再生機構社長の斉藤と会談、球場とホテルをダイエー本体から切り離して売却する福岡事業再生案への支援を正式に要請した。

斉藤は「球団と球場は一体運営されるべきだ」と改めて伝え「調査の結果、支援を見送ることもあり得る」と述べた。会談は秘密のはずだったが、日経が翌日朝刊で「福岡事業　再生機構に支援要請　ダイエー、球団の扱い協議」と見出しをつけて高木が斉藤へ伝えた内容を「04年2月までに球場とホテルを外資に売却、球団は引き続き保有する」「外資が保有する球場と球団が興行権契約を結ぶこともプロ野球機構関係者から承認を得られる見通し」——などと詳報した。

その日、ホークスは福岡ドームで優勝をかけた西武との首位攻防戦に臨み、5万人の観衆（球団発表）が詰めかけた。試合前、オーナーの中内は報知の記者をわざわざオーナー室へ招き入れて30分間、日経の報道は再生機構の守秘義務違反と怒りを爆発させた。

「あんなところに主導権を握られたら福岡事業がぐちゃぐちゃにされる。球団も新たなスポンサーを探し高く売り払われて大阪や東京へ動かされる可能性も否定できない」「機構は自分に都合がいい情報だけを日経へ流した」「機構は超ハゲタカファンドだ。徹底的に戦う」と試合前の練習もそっちのけにしてまくしたてた。

首位攻防戦は、ダイエーが新人和田毅の力投で6点リードして試合を進めたが、7回、9回と失策がらみでそれぞれ3失点で追いつかれて降板、延長10回、本塁打を浴びて敗れた。残り21試合でマジック16は変わらなかった。

官や外資の球団はノーだ

ダイエーの高木が斉藤に「承認を得られそう」と語ったプロ野球関係者は巨人の渡邉である。

9月4日、高木は再生機構、コミッショナー、パ会長よりも先に、渡邉に売却案を説明した。

10日、記者に囲まれた渡邉が高木との会談内容を明らかにした。

「高木さんは球場、ホテルは外資へ売る。球団は1年以内にハゲタカ以外の企業に売りたいと言った。その考えは理解したが納得はしていない。（現在は）球場が球団の興行権を持っているが、興行権はわれわれが認める正当な保有者に属すべきだ」

「オーナーは12人いるから相談が必要だ。オーナー会議の承認事項になるだろう」

「球団は継続して努力する義務が協約にある。1年で売るのはどうか。12球団の決まりはない。15の時、5、6の時も過去にあり異常ではない。そういう時期に来ているかと思う」

渡邉はこのころ、他球団オーナーに書簡を出していた。一連のダイエー問題を詳報した『ドキュメント　ダイエー落城』（日本経済新聞社、２００４年）から要点を引用する。

書簡は主力銀行の一括売却案を説明したうえで、「球団の保有者が単に商業的利益を得るため、オーナー会議の承認を得ないまま参加資格を勝手に売買することは許されない。その球団が当組織の参加資格を喪失したとみなす権利はオーナー会議にあると解さねばならない」、つまり「これは事実上の野球協約違反でありオーナー会議で承認はできない」と結論付けた。

ダイエー資本下の球団と球場の間で興行権を球場へ丸投げした業務委託契約を結んでいる。この形態がそのまま、球場を入手した外資へ引き継がれることを渡邉は懸念し、オーナー会議による新規参入球団拒否の権利など強いメッセージを発し続けた。

強気の背景は、球場を入手する外資がオーナー会議を無視して球団の売り先を指定しても、野球協約に新しく加わった「厳正に審議し、承認または承認拒絶」するという条文で対抗できると踏んだからだ。書簡はこの点を強調して各オーナーに賛否を問いかけた。

福岡3事業の行方が慌しさを増す時期、取材にほぼ立ち話で応じていた渡邉と記者の珍しい一問一答を「日経ＭＪ（流通新聞）」が9月18日に掲載した。日経ＭＪは当時火、木、土曜発行。時間の制約で書きこみ不足の生ニュースなどを1、2日遅れても詳しく伝えることが可能な媒体だ。

最初のインタビューで渡邉はダイエー本社6、オーナー中内4の球団株が「本社98%、中内2%へやがて変わる」と断言、「協約はオーナーに永続的な経営努力を義務づけている。今回の株主構成変更がオーナー会議の理解を得られるか分からない」と語った。将来の球団売却先は「オーナー会議が承認する立派な企業をつれてくる」と高木が説明したことも明らかにした。

渡邉は自ら培った野球協約の知識を駆使してダイエー本社、再生機構、福岡の政財官界など球界外部にも強烈な意志を発信した。

「球団は勝手に売買できる私有財産ではない。野球協約にある通り、文化的公共財であり勝手な売買は許さない。参加資格変更の内規も設けた。球団の経営努力を十分に尽くさないまま、経営悪化を理由に参加資格を譲渡する場合は承認しない」

「プロ野球機構にある球団をおかみ、つまり官が勝手に買収することが許されるのか。そんなことをしたら即座にその球団を潰す。再生機構はノーだ」

「球団が破産しても政府に救済してもらう必要はない。30日間連盟が選手を保有し引き受け手を探す。どうしても九州に必要なら新たに設立すればよい。譲渡は30億円、新規加入は60億円かかるが……」

福岡では市民や地元企業から出資を募る市民球団構想が検討されていた。

「市民球団は良くない。市民の名のもとに暴力団が入る可能性がある」

「株主として加わった地元企業が倒産して転売されたらどう対応するのか」

横浜球団株を巡る騒ぎを発端として野球協約に「野球は社会の文化的公共財」や「内規」などが追加された改正条項を渡邉は存分に活用して持論を展開した。改正した内容はあたかも球団の身売り騒動や万一の混乱発生に備えた対応にも見えるほどだ。

協約の遵守求める渡邉書簡

主力銀行・ダイエー側と産業再生機構側は福岡３事業支援要請以来、それぞれに必要な条件を煮詰めていた。

９月25日、ダイエーの高木と主力行幹部が再生機構の斉藤を再び訪ね、米投資ファンドのコロニーに球場とホテルを売却する案を伝えた。コロニーは16日の二次入札で負債継承額、買収施設の改修や新規投資分３００億円を含め最高額となるおよそ９００億円を提示した。焦点の球団は05年以降に継続保有と売却双方を検討すると説明した。

斉藤は高木と会談後、改めて機構側の再生案をマスコミに説いた。

「ドームの事業価値は野球がどれだけうまくいくかだ。野球でお客さんが入り減価償却が進めばよい。支援は再生させる事業価値があるかどうかによる。国民の財産を毀損できない」

頑なに球場・ホテルの売却を急ぐ主力行やダイエーへの牽制である。

30日、ホークスはロッテに13対10で勝ち、パ・リーグ優勝を決めた。

球場・球団の一体運営にこだわる再生機構は10月８日、改めて福岡事業支援の３つの条件を主力行とダイエーへ示した。

①球団がチケット販売などの興行権を持ち、球場には適正な賃貸料を払う
②ダイエー本社は球団の赤字を全額負担する
③ダイエーが持つ球団株は機構が隔離し保全する

ダイエーと主力行は球場、ホテルをまず売却、球団は保有し続ける道を探っていた。そのため、球団に属するチケット販売などの興行権は球場の買主へ譲り、毎年発生する15億円の球団赤字も球場側に負担させる考えだ。

球場が球団の興行権を持ち、球団の赤字まで補填すれば球場を保有する外資が事実上の球団オーナーとなり、野球協約上の問題となる。なんとか問題化を防ぐ〝便法〟を編み出す。これがダイエー・主力行側の考えだった。

ダイエーの高木は中間決算を発表した10月17日、「ドームとホテルは11月中に投資家と基本契約を交わす。金融機関は40行と多いので機構の活用を考えている」と語った。福岡3事業は「多くの関係者が協議中でまとまるまでコメントしない」とかわした。球団への赤字支援は「今は再生中だ。経営状況を見て一定の販促費を支援する」と慎重だった。

チケット販売や赤字補填の方法で、互いに相手側の要求拒否がはっきりした24日、高木は斉藤に「機構の提案は受けられない。ダイエーで立てた再生計画を変える時間が足りない」と伝えた。斉藤も「残念ですが仕方ない」と応じてすべてが終わった。

再生機構と主力行・ダイエーの交渉期間中も渡邉は憑かれたように動き続けた。目的は外資による球団の支配を拒否する案をまとめるためだ。日経によれば20日前後には斉藤と高木がそれぞれ渡邉を訪ねた。恐らく25日の会合に備えて立場を説明したのだろう。両者ともコミッショナー、両リーグ会長は素通りである。

渡邉は求めて人に会い、求められて人に会う日常が続く中で、ホークスが9月30日リーグ優勝を決めると、次の書簡を再び各オーナーへ送った。

「今秋、ペナント優勝したホークスを巡りダイエー本社、メガバンク、産業再生機構、外国ファンドの間で利害が紛糾し、小生もこれら関係者トップから相談を受けている」

「ハゲタカファンドや銀行団の利害によってパの人気随一の球団の参加資格が売買されることは球界に悪い先例を残す」

「外資の球団買収は回避されたが、球場が興行権を持ち、ホテルは野球の入場券で集客し利益をあげている。これでは球場、ホテルを買う外資に球団が従属しかねない」

「同じ球団経営者としてホークスの経営正常化に協力し、野球振興のため野球協約に定めた規則通りに対処すべきではないか」

「このことは11月のオーナー会議で重要な議題になると思われ小生の協約解釈及び『オーナー有志見解』の草案をまとめたので賛否修正をお知らせ願う」

平成十五年十月吉日　　渡邉恒雄

書簡の存在は日刊スポーツが平成から令和へ年号が変わる節目の2019年1月22日の1面に写真付きで紹介した。連載記事「野球の国から　平成野球史『球界再編問題』」の第1回目の記事である。

「密書　渡邉恒雄オーナーから有志オーナーへ　ダイエー売却阻止の賛否問う」と特大の活字で報じ、貴重な書簡の写真が紙面の3分の1を占めて掲載された。「有志見解」の内容には触れていない。執筆者は再編問題当時の取材班キャップ寺尾博和。入手先に配慮して見送っていた貴重な資料が16年の歳月を経た時代の節目に渡邉書簡として蘇った。

オーナー会議に出されたダイエー「確認書」

03年10月18日に福岡ドームで開幕したホークス・阪神の日本シリーズは、ホークスが地元で連勝、甲子園では阪神が3連勝した。福岡での第6戦は井口資仁《ただひと》の先制2ランでホークスがタイとし、最終戦はルーキーの和田毅が完投勝利、井口と城島健司が本塁打を放ってホークスが4年ぶりで日本一を奪回した。7試合の有料入場者約29万人、入場料総額も14億円強とともに史上最高に達した。

ダイエーホークスの存続が注目された10月31日のオーナー会議は、ホークスと阪神の激戦の場となった福岡ドームの隣接ホテルで開催された。ホークスは日本一を4日前に達成、アテネ五輪を目指す長嶋ジャパンの精鋭が滞在中とあって福岡全体が喜びに包まれていた。

コミッショナーの川島は、会議冒頭で「両軍がともに本拠地で全勝した名勝負で、本拠地の熱狂的な応援は長い間の球団の取り組みの成果」と両球団を称えた。

次いで「世間が注目している球団問題の説明」と促されたダイエーの中内正が「確認書」を全出席者へ配り読みあげた。

確認書には「株式会社ダイエー代表取締役印」が押され、次のような要旨だった。

①球団は現在債務超過状態にあり、本社が今後も球団を持つため球団財務を健全化する。球団への債権80億円をＤＥＳ（債務と株式の交換）で株式化して債務超過を解消する

②球団株式の持ち分は変更されるが、本社が過半数の株主である限り、オーナー中内、球団社長高塚の野球協約上の地位は変更しない。2人を中心に球団の興行、編成を行う

③本社は野球協約3条を守り、球団が社会の文化的公共財となるよう不断の努力を続け、本社の経営力が許す限り、球団への宣伝広告費支払いなど支援を行うと確認する
④野球協約に違反して野球機構の承認なしに球団を第三者に売却しない

確認書は球場を売却したあとも中内、高塚を中心に「興行、編成を行う」と興行権を持つことを宣言した。これで第三者による球団支配の疑念はほぼ払拭された。

渡邉は「筆頭株主の変更ではないが、確認書を少しでも破れば57条の対象だ」と注意した。宮内が続いた。「ダイエー本社の経営は安定感がない。確認書を出すくらいなら本社からも出席すべきではないか」。一片の通知で済ませた高木社長への不快感だ。渡邉は「オーナー会議の出席資格がないからだ。確認書で責任は果たしたと見ていいのではないか」と理解を見せた。

オーナー会議議長の近鉄・田代和《わ》が「確認書もあり、ダイエーの球団保有を全球団一致して承認する。仮に売却やオーナー企業変更があれば直ちに57条を含め審議する」と締めくくった。

再生機構の球場・球団一括売却案はオーナー会議が完全に葬った。

57条は「連盟の応急措置」として、球団の事情で監督、コーチ、選手全員が解雇される恐れがある時、所属連盟は秩序維持のため全員を一時保有できると決めている。渡邉や田代の指摘は、確認書に違反すれば球団はリーグへの参加資格を失うという警告と解釈すべきだろう。

会議後も渡邉は「高木さんの確認書を信用する。破られたら参加資格の喪失を含めオーナー会議で議論する。それを前提に取りあえず株式数の変更を認めた」と解説した。

オーナー留任が決まった中内はほっとした様子で質問に答えた。

「できれば広告宣伝費を昔のようにちゃんと払って欲しい。選手の年俸は高騰している」
「球場が第三者へ売られても球団と球場の関係はこれまでと変わりない」

口が滑ったのだろうが「球団と球場の関係はこれまで通り」は〝失言〟だろう。球団のチケット販売などの興行権はこれまではすべて「福岡ドーム」が担ってきた。ともにダイエー本社が大株主だから問題はなかったが、こんど球場を手にするのは「外資」である。

中内発言を文脈通りに解釈すれば、オーナー自ら興行権を外資へ渡すと認めたようなものではないか。球団存続は確認されてもダイエーの球団経営には危うさがなお強く漂った。

オーナー会議3日前の10月28日、日経MJは渡邉と2度目の一問一答形式のインタビュー記事を掲載した。そこにはオーナー会議に差し出したダイエー社長名の確認書の内容をすべて〝予知〟したような興味深い発言がある。確認書との類似部分を引用しておく。

1. ダイエーは球団向け債権を株式に転換し中内オーナーの出資比率を40%から2%へ下げようとしている。中内氏は球団の実質的保有者でなくなる恐れがあり会議の重要審議事項になる
2. 高木社長は「野球協約上の球団保有者の地位は変更しない」として中内、高塚氏を中心とする球団首脳陣に試合日程の作成、チーム編成を含む球団運営を委ねると聞いている
3. 球団は集客力３００万を誇り巨人に次いで2位だ。本社に与えた宣伝効果は絶大であり、正当な宣伝広告の対価を払うべきだ
4. 球団が野球協約に定めた参加条件に反した場合、オーナー会議は参加資格の喪失を議決

できる

確認書の①、②、③、④とインタビューの１、２、３、４を対比すれば渡邉が事前に確認書の内容をすべて把握していた可能性は濃厚だ。そうでなければ……まさかと思うがダイエー側が渡邉の一問一答を参考に確認書を作成したのだろうか？　確認書と一問一答があまりに酷似しているだけに謎も深い。

オーナー会議は、ホテルに隣接する福岡ドームで合宿中の長嶋ジャパンの最後の練習日と重なった。長嶋ジャパンは翌日に王貞治率いる全日本と壮行試合後、札幌へ直行しアテネ五輪出場をかけるアジア予選へ出場する。川島のほかオーナーや球団代表が会議終了後に、練習中の監督、選手の激励に球場を訪れた。渡邉と宮内も球場へ現れ、バッティングゲージの後方で、多くの報道陣が見守る中、長い間立ち話をした。

しばしば意見がぶつかる２人がいったい何を話し合ったのか。大まかな内容らしきものが判明するのは半年以上が経過してからである。

第2章　近鉄にも迫る経営危機

バファローズの〝時限爆弾〟

2001年以降、横浜球団問題、野球協約改正、ホークス身売り騒ぎなど球界危機の打開に積極的に関与した渡邉恒雄は、近鉄バファローズの経営状況にも関心を強めていた。

近鉄グループは、バブル期の1987年から収束後の99年まで複合リゾート施設「志摩スペイン村」開業に伴う路線複線化工事を含め巨額の設備投資を続けた結果、13年間でグループの連結有利子負債は6500億円から1兆2400万円へ激増。財務健全化が最重要になった。

特に99事業年度（99年4月―2000年3月）から4期連続で総額1200億円弱の連結赤字を出した。対策として東京、大阪、名古屋のホテル閉鎖、早期退職優遇制度、分社化、直轄事業の外部委託、職員出向などあらゆる経費削減策へ取り組んだ。

「経営改善3年計画」（00年7月策定）を2年後に「新経営改善計画」に切り替え、計画を一段と加速させたが、結果は今一つだった。02年夏には近鉄が筆頭株主である東証一部上場の大日本土木や、長年後援したＯＳＫ歌劇団への支援を打ち切り「3期連続不採算企業20社整理」も打ち出した。先頭に立ったのが当時副社長の山口昌紀である。

雑誌「ＶＥＲＤＡＤ」は「近畿日本鉄道　嵐のようなグループリストラ」（02年9月号）という特集を組み、球団もリストラ対象だが「昨年の優勝でかろうじて外れた模様」とした。確かに嵐のリストラの中でただ一つの例外が球団だった。

01年9月26日。近鉄はオリックスに3点リードされた9回裏、無死満塁から代打北川博敏が逆転満塁サヨナラ弾で12年ぶり4度目の劇的優勝をもぎ取った。「夢でも見ない。信じられない」と北川は語った。日本シリーズはヤクルトと対戦して1勝4敗で日本一を逃した。それでも選手年俸は16億７５００万円から22億３５００万円と急増（外国人を除く）した。

ＦＡ権獲得が翌年に迫る主軸の中村紀洋に、球団社長の永井充が2度目のＦＡ期限の5年後も含め6年契約を申し込んだ。

「30（億円）以上？　そう考えていい。ある意味永久契約だが球団もリスクを背負う。リスクを減らす保険も研究した。大阪の顔として大安の27日に会見する」と断言した。中村はしかし1年契約を選択した。「1億９０００万円増の5億円と出来高1億円」と新聞は伝えた。

近鉄は01年3月、名門球団ドジャースと業務提携し、球団副社長のトニー・ラソーダを月に1度招いて1週間程度、球団経営のアドバイスを受けると発表した。ド軍はメディア王とされるルパート・マードックのＦＯＸグループ傘下にある。前年秋に突然、マードックの近鉄球団経営参加騒動が巻き起こり、間もなく消えた。そのド軍との提携実現に「やはり身売りか」と騒ぎが広がった。永井は「多少の赤字が出ても球団を大事にする」と懸命に否定した。些細なことが身売りの観測に結びつく。近鉄球団の行方に常に好奇の目が注がれていた。

02年から近鉄球団代表となる小林哲也は本社常務でもある。苦境が続くレジャー・流通部門の責任者のため「本社が幹部を球界に送り、レジャー部門の球団売却の準備に入った」と噂された。

オリックスの宮内義彦が加盟料徴収は「それまでの球団経営者の取り分を減らす」と反対したオーナー会議に代理出席していた永井が「うちのオーナーも同じだ。念のためだが近鉄はパでただ一つオーナー企業不変の球団である。球団経営に熱意を失ったわけではない」と付け加えたことが「身売りのカモフラージュか」と憶測を招いた。

加盟料論議はその後も続き、ロッテや日本ハムが反対、減額を述べたもののセ6球団に西武、ダイエーが「必要」を唱え協約に残った。

近鉄球団のCM契約に渡邉激怒

02年11月25日、近鉄は大手消費者金融「アコム」のロゴをヘルメットとユニホームに付けるスポンサー契約を発表した。契約金は2億円と推定された。発表当夜、球界の品位保持のため、かねて消費者金融などの排除を主張する渡邉恒雄は取材に応じた。

「ビジネスの自由はある。仕方ないがそういう球団は滅びる。報復か懲罰を考えねば」

「近鉄は堕落したのか。そんなことではパは潰れる。そういう球団は出て行ってもよい」

「好ましいと思わない。ビジネスは自由だが、品位を汚すことは防がないと」

など過激な発言がスポーツ紙、一般紙にそれぞれ出た。

近鉄の永井は「渡邉さんの反対は球団経営に消費者金融が加わることはいかんということではないのか。銀行も今は消費者金融をやっており、アコムや武富士など大手業者は経団連の加盟社だ。新聞にも広告を出しており、消費者金融は市民権を得ている」と答えた。

12月11日に開かれた02年最後の実行委員会で、パ会長の小池唯夫が「消費者金融はJリーグのスポンサーで、球場や新聞、テレビの広告にも登場している。経団連加盟社で社会が受け入れた。契約拒否できないし、渡邉さんは『他社が決めたことに命令はできない。信条は反対』の立場だから、私が気持ちは伝えると言った」と経緯を解説した。小池の説明を実行委は了承、近鉄とアコムのスポンサー契約は野球協約の条件をクリアして発効した。

ところが半年以上も過ぎた03年7月11日のオーナー会議で渡邉は「日本シリーズボイコット」を絡めて近鉄への怒りを蒸し返し、会議後も報道陣に鬱憤を爆発させた。

「巨人渡邉オーナー　ボイコット日本シリーズ　プレーオフに咬みついた　質が違う　ばかばかしくて一緒に行動できない」——1面すべてを費して日刊が大見出しで伝えた。

「パのプレーオフは3位が最後の何試合かに勝って出てくることもある。質が違うものが闘う日本シリーズはばかばかしい。これだけ食い違うなら一緒の行動はとれない」

「プロ野球が品位を保とうとする中でユニホームに消費者金融の広告はおかしい。プロ野球の運営は経団連と関係ない。巨人が優勝した暁には、近鉄が出てきても日本シリーズは断る」

こうした発言は、野球協約の「野球は社会の文化的公共財」と「野球の権威、品格、信頼を失わせる恐れ」がある場合に参加を拒否する内規を根拠としたものだろう。

ついひと月前の6月10日、ダイエーの第二次身売り騒動の最中に渡邉がオーナー退任を示唆しながら、「未解決の問題がある。ダイエーの身売りがどうなるか。近鉄はサラ金に選手の体を売った。オリックスはどうなるか」と唐突に発言した真意も実はここにあったのかも知れない。

関係者によると、オーナー会議（7月11日）での渡邉の当初の発言は「民放連が広告倫理を考えて消費者金融のＣＭの一部の時間帯での自粛を検討している。アコムの広告は再考できないものか」という程度だったらしい。近鉄オーナー田代和が「アコムと契約当時は民放連の自粛話はなかった」と弁明したことを機に矛先が小池へ向かった。

「プロ野球には青少年、子どもを健全に育成する責任がある。選手の体についた広告はテレビで流れる。野球の品位を汚すことを連盟会長の権限で認めた。権限と責任は一体ではないか。責任を果たせなければ職を去るべきだ」と言い放った。

近鉄のスポンサー契約からひと月後の02年12月20日、民放連とＮＨＫが運営する第三者機関「放送と青少年に関する委員会」が17時から21時まで消費者金融のＣＭの自粛を求める見解を発表した。18日には一都七県に及ぶ高利金融の被害者団体が１３６５のヤミ金業者を出資法違反（高金利）で一斉に各地の警察に告発していた。

また、21日から翌03年6月まで読売が「高利金融——広がる影」「債務の鎖」「包囲の網」と連続キャンペーンを展開、各マスコミも消費者金融の負の側面を次々に暴いた。

さらに、03年3月5日、放送基準審査会が同じ時間帯の消費者金融のＣＭは「自己破産や多重債務者となる危険性などを訴える啓発型を除き、避けることが望ましい」「安易な借りを助長する表現は削除する」見解を発表、東京ドームベンチ前の消費者金融のＣＭ看板も開幕前に撤去された。国会では違法貸出しを厳罰化する「ヤミ金融対策法案」審議が加速化した。

社会の潮流は近鉄のアコム商標のユニホーム、ヘルメット貼付と正反対の方向に大きく変化し、渡邉の考えに近くなった。好機到来と判断したのだろう。

7月11日のオーナー会議に出席した複数の関係者は渡邉の発言を推測した。

「近鉄の商標承認、プレーオフ実施は野球協約との関係から手続き的な誤りは一つもない。両方とも実行委の承認を得た。渡邉さんは消費者金融を利用する近鉄球団の経営姿勢にがまんできない。手続きは済んで発効した。そこで、正面からの批判を避けて、政治記者時代から親しい小池さんを標的にして近鉄に反省を促そうとした」

小池は早稲田大学卒業後、毎日新聞社へ入り、政治部長、論説委員長、編集局長、社長、新聞協会会長などを歴任し、渡邉と似た道を歩んだ。政治部記者としては渡邉の8年後輩である。

渡邉はプレーオフ制度についてもパ・リーグ側に牽制球を放っている。

パが04年に導入する上位3球団のプレーオフ制度により、公式戦の試合数はセパで異なることになる。同一試合数が前提のＦＡ取得に必要な日数、同じ試合数ゆえに容易に比較できた両リーグの個人記録に行き違いが生まれる懸念もあった。

プレーオフ制度は勝率5割以下の2、3位チームが日本シリーズへ出場する可能性もあり、「記録の重要性」「日本シリーズの権威」などを損なう恐れもある。

セは「記録と権威」を主な理由としてこの制度に反対した。コミッショナーの川島廣守は人気回復にかけるパの意欲を尊重するとして反対論を退け、実施を認めた。

渡邉は「プレーオフ実施は制度変更にかかわる重大問題だ。オーナー会議に諮《はか》るべきではないか。パがあまり勝手なことをやれば巨人も考えがある」と述べた。「1リーグ制」を過去に唱えた渡邉の「考えがある」発言に、球界やマスコミは「すわ！　再編か？」とざわついた。

　オーナー会議後に小池も淡々と会見した。

「両方とも手続きを踏んで決めてきた。アコムのことは決まる前に渡邉さんへ連絡した。『俺はあくまで消費者金融の商標は反対だが、よその会社に命令はできない』と言っていた」

「プレーオフは途中でセに反対されたが、私たちの改革したい熱意を受け入れたコミッショナーが裁定されたことだ」。そう語る小池を日刊は「顔色が悪く苦渋の表情」と伝えた。

野球は芸者遊びにあらず

とはいえ、近鉄球団の経営は刻一刻と予断を許さない状況に追い込まれていた。球団の運営会社「株式会社大阪近鉄バファローズ」の社名が03年から「近鉄」を消した「株式会社大阪バファローズ」として「大阪近鉄球団」を運営する体制となった。

　球団は「大阪に根付く市民球団を目指すため」と狙いを語ったが、雑誌「選択」（03年11月号）は「近畿日本鉄道グループ――私鉄首位の『明日なき退却』」と題して、苦戦続きの私鉄経営の中でも「3年3月期まで4期連続の最終赤字は近鉄だけだ」と指摘。近鉄グループの厳しい状況に、社会一般もダイエーとともに大きな関心を持った。

　折も折、12月12日に近鉄本社社長の山口昌紀が「野球は芸者遊びじゃない。もっとビジネス感覚を持て」とグループの行事で発言、「いよいよか」と波紋が広がった。

　大阪市内のホテルで開かれた「大阪近鉄バファローズ支援会議」は、球団主催試合の年間指定席券購入をグループ企業に依頼し全企業の結束を確認する恒例の大切な行事とされていた。

6月に社長に就任した山口は「野球を盛り立てるために球場へ足を運んで欲しい。球団経営の苦境を乗り切るには切符を売るしかない」と型通りに挨拶したあと、「今、プロ野球の運営にはかげりがあると言われているが、私も全くその通りと考えている」と続けた。指定席購入を依頼する場にそぐわない発言だった。

8日にも山口は「今は球団の宣伝効果が落ちている」と後ろ向きの発言をしたばかりだった。降壇した山口に数人の記者が駆けよると、球団経営や球界の将来への悲観的な見方が返ってきた。

「身売り？　そういうわけにはいきません。ただ、赤字は圧縮しないと。球団経営は難しい局面に置かれている。優勝しても赤字を出すところもあり、選手も米国へ流出している」

「グループ内の赤字会社を今は整理しているが、野球はそうもいかん。球団を売る？　今どきどこの企業が買いますか。野球もビジネスを追求すべきだ。芸者遊びじゃないからね」

「この先、将来は1リーグとか。プロ野球がこれからどうなるのか分からない」

グループの経営苦境下で社長に就任した山口は「事業や考え方で変えること、守ることを厳しく分けて企業風土を刷新する」「変えるところは抜本的な改革を断行する」（『近畿日本鉄道　１００年のあゆみ』近畿日本鉄道、２０１０年）と刷新、改革を約束した。記者への発言も「親分肌」「決断が早い」「豪放磊落」と部下が評価する山口らしいものだった。

山口は専務、副社長時代から非公式な場で赤字続きの球団経営を批判してきた。

「鉄道という公的な使命を帯び、乗客から運賃収入を得る企業が毎年巨額の赤字を生む球団を持つことが許されるのか」

「沿線で宅地を開発して街や球場を作り、利用者増を目指す私鉄のビジネスモデルも社会構造が変化した今は通用しない。阪急や南海がいい例で、阪神だけが唯一例外だ」

「上山（善紀）さんや金森（茂一郎）さんは球団を手放すような荒療治はできない。野球が大好きで選手の顔を見たらそんなこと言い出せない」

上山、金森はそれぞれ本社社長のあと球団オーナーを務めた。ともに野球に理解が深い名物オーナーとして親しまれた。山口と野球の距離はどうだろうか。

山口は近鉄が2度目の日本シリーズに出場した80年、3勝3敗で迎えた広島球場の第7戦で秘書部長として会長の佐伯勇に随行した。前年は球史に残る「江夏の21球」に夢を阻まれて3勝4敗、勝つことの難しさを教えられた因縁の相手だ。

2点を追う近鉄は6回表、3点を奪い逆転すると監督の西本幸雄は大エースの鈴木啓示を6回裏から投入した。2、5戦を連続完投勝利した鈴木は疲れのせいか、4安打に暴投や死球を加えて逆転を許した。近鉄はまた日本一を逃した。

大阪へ戻る新幹線で山口は近くの座席の西本に鈴木投入の理由を聞いた。

「鈴木が最後は締めるという。ほかを出せるか。男と男の気合いだ」――西本に一喝された山口は引き下がった。

阪急の福本豊の盗塁阻止のため独特の捕球術を編み出した捕手の梨田昌孝には、その秘策を直接聞いて技術への関心を深めた。山口も選手と身近な存在だった。

山口は自著『奈良に育まれ　電車にのって　青山をみる』（奈良日日新聞社、２０１５年）で「私は野球も含めスポーツ大好き人間」「スポーツを心から楽しんでいる」と書いた。そうでなければ、敗戦直後の西本に質問したり、梨田から選手の〝秘技〟を聞きだしたりはしないだろう。

ではあるが、社長として経営刷新を掲げる以上、球団経営も冷徹に判断しなければならない。部下と赤字続きの球団に話が及ぶと「最後は俺がやるしかない。球団を手放すためのカギ、キーマンはナベツネさんだ」と静かにつぶやくのが常だった。

「しまった!!　先を越された」

山口が球団処分にこだわるのは、近鉄中興の祖として心酔した佐伯への特別な思いからだ。１９８８年10月19日、山口は秘書、広報部を統括する秘書室次長として佐伯とともに新幹線で大阪から川崎球場へ向かった。シーズン最終戦・ロッテとのダブルヘッダーに連勝すれば、西武から逆転優勝をもぎ取る大一番を観戦するためである。優勝すれば佐伯の記者会見を山口が取り仕切る手はずだ。午後３時過ぎ、新幹線の車内放送で山口が呼び出された。「大変です。阪急が５時から記者会見し球団売却を発表すると、いま言うてます。なんでも相手はオリエントリース（現オリックス）いう会社らしいですが……。発表までようわかりません」。急を知らせた広報部長の岡本直之へ山口が確認した。「阪急が身売りで５時に会見、間違いないな」。

座席へ戻った山口が阪急電鉄の発表予定を報告した瞬間に、佐伯が驚きの表情で「しまった!!　先を越された」と叫んだ。在阪球団「南海ホークス」のダイエーへの売却が１日のオーナー会議で正式に承認されたばかりだった。南海に続き阪急ブレーブスも……。「先を越された」は「いずれは近鉄も」の佐伯の本音が瞬間的に飛び出したものだった。

山口は入社14年目の72年春、「１年」の約束で本社審査課長から秘書課長へ異動した。約束は反故《ほご》にされ、以後秘書部長、秘書室次長などで通算16年間佐伯に仕えた。佐伯はよく怒鳴り、細かい文句を言った。

　佐伯が山口を社長室へ呼びいきなり怒鳴りつけた。身に覚えがない叱責に「なぜ、そんなことを私に」と聞き返す。「お前の前に来た男がいい加減なことを言うので怒鳴ろうとしたが気が小さい。怒鳴ったら卒倒しかねない。我慢したらお前が来たから代わりだ」。

　こんなことは週に1度や2度ではないが、山口は佐伯の仕事ぶりや人間性を敬慕した。

　特に社内で繰り返し伝えられる伊勢湾台風（１９５９年9月26日）で受けた大災害をプラスに転じさせた佐伯の「逆転の発想」だ。

　伊勢湾台風は愛知、三重を中心に死者、行方不明者５０００人超、4万強の家屋を全壊させた。近鉄も沿岸線路の水没、社員７００人が被災するなど最大級の被害を受けた。

　この時、近鉄は大阪―伊勢中川―名古屋を結ぶ路線のうち伊勢中川―名古屋間（名古屋線）の路線幅を大阪―伊勢中川間の国際標準２４０センチメートルに拡幅する工事に11月後半着工予定、60年2月完成を目指していた。路線幅が違うため伊勢中川駅で乗り換える不便さが消え、大阪―名古屋を結ぶ輸送力は飛躍的に向上する。ところが名古屋線がほとんど水没した。復旧、拡幅と二重の手間になり莫大な費用と時間が必要になる。絶望感が社内を襲った。

　佐伯は欧州のホテル、航空事情を視察中に「復旧の見込みたたず」の電報を受けたものの、当時の航空事情から10月17日に羽田へやっと戻った。翌日水没した名古屋線上をボートで視察、「線路の復旧工事を省略し一気に国際標準への拡幅工事に踏み切る」と決めた。

　平時は日中に電車を動かして工事は夜に行う。しかし水没で運行不能ならば昼夜の工事が可能だ。復旧も拡幅も工事の手間は同じではないか。それならば一気に拡幅をやるべし。災い転じて福となす。佐伯の勇断だった。工事は水が引いた11月19日開始、9日目の27日、最後の「長島―名古屋間」19・5キロメートルの工事が終わり、当初計画より3か月近くも早く奇跡的に路線拡幅工事が完成した。

山口は当時入社2年目だったが、秘書課長になって以降、佐伯が指示する経営上の決断の大切さを身近で学んだ。

佐伯へ傾倒する山口はこんな言葉も残している。

「近鉄に移しませんか。その方がよろしいやろ。佐伯勇が生きてましたら、同じことをいってましたで。文化事業は、採算に合わんでも簡単に潰したらあかん。それが、企業のメセナ精神や、と」（『近鉄中興の祖　佐伯勇の生涯』創元社、２０１９年）。筆者は民俗学者・「旅の文化研究所」所長の神崎宣武《かんざきのりたけ》。神崎は近鉄の関連会社が担う「旅の文化研究所」の運営に93年からかかわった。関連会社から本社の直接支援に切り替えてはどうかと、山口が神崎に話しかけた言葉だ。

野球は「社会の文化的公共財」であり、球団を持ち続けることは企業のメセナ精神にもかなうが、経営再建に背く巨額投資は許されない。

山口が社長へ就任する4か月前、財務大臣の塩川正十郎が「母屋でおかゆ、離れではすき焼き」と一般会計（母屋）に比べ特別会計（離れ）の放漫さを国会で指摘し、国民の喝采を浴びた。巨額の有利子負債に苦しむ親会社は連結赤字立て直しに人員削減、不採算事業の整理に乗り出す中、赤字でも活躍すれば巨額のアップを獲得できる近鉄選手の契約更改に、山口は「離れではすき焼き」の大臣発言を重ねた。

山口は新幹線の中で佐伯が叫んだひとこと「しまった‼　先を越された」という驚きの表情と

声を懐かしく思い浮かべながら苦渋の決断への歩みを速めていった。

小久保無償譲渡！　ホークス自壊始まる

２００３年、日本一となった「ダイエーホークス」では球団フロントに対する現場の不信感が黒雲のように湧き上がっていた。発端は主力選手小久保裕紀の巨人への無償譲渡である。

小久保は青山学院大学出身でオーナー中内正の後輩である。不動の３塁手、４番打者。真摯な練習態度と豪快な打撃で常にチームの中心にいた。３塁守備位置で構えると球団フロントが試合で利用する部屋が正面に位置する。その部屋で球団社長の高塚猛が女子職員の肩に手を回す姿がいやでも目に飛び込む。女子職員が困惑する様子もはっきり見て取れた。

「見苦しい」「気の毒だ」。選手の間からも批判の声が広がり、選手会長として小久保は何度も直接、高塚に苦言を呈した。01年、02年のシーズン中のことだ。高塚は小久保を嫌った。逆切れである。

小久保は03年春の対西武のオープン戦で１塁から一気に本塁へ突入、捕手と交錯、右の膝を強く打って倒れた。右膝前十字靭帯損傷、半月板も損傷して１年丸々棒に振ったが、秋季の宮崎キャンプ参加メンバーに選ばれ再起を期していた。

福岡のホテルに宿泊中の渡邉の部屋を中内が訪ねたのはオーナー会議が終わった10月31日夜だった。その様子を渡邉が月刊誌「ＢＯＳＳ」の特集記事「ボスの研究」「野球とメディアの支配者・渡邉恒雄」（04年1月号）で明らかにした。11月５日に行われたインタビュー記事である。

「オーナー会議でホテルへ泊まっていた。そしたら中内君が会いたいと言ってきた。部屋へ来てもらったら彼はいきなりその話を切り出した」

「小久保を引き取って欲しいと。トレードですかと聞いたら人はいりませんという。だから金銭トレードでお金を払うものだと思ったら無償ですと」

「中内君はアメリカでの手術費用を負担する約束をしたらしい。それを高塚球団社長が日本国内で治ると蹴った。それで小久保君はフロント不信になった」

「中内オーナーは無償でいいと言った。ダイエーに払う分を小久保君にちゃんと払って欲しいと。年俸は２億１０００万円、普通25％ダウンだがそこは配慮してほしいと。びっくりした。ただフロントと決定的に悪くなるとね。これはしょうがない」

　渡邉は現場の意向を確かめるようにフロントへ指示した。現場は獲得を希望して話は進んだ。

11月３日、小久保の無償譲渡を発表、小久保と中内が記者会見した。

「この１、２年環境を変えたい思いがずっとあった。海外を考えていたが怪我をして大リーグは難しいと思う。決まった球団へ行きたい気持ちはなく、オーナーに探してもらった。ダイエーは逆指名して好きで入った球団。ここまで育ててもらい感謝しているし、福岡のファンは日本一と思っている」。小久保は笑顔を一度も見せなかった。中内はハンカチで涙をぬぐっていた。

　看板選手の無償譲渡に現場は一斉に反発した。

　温厚な監督王貞治が発する一言一句にも激しい怒りがうかがえた。

「考えもしないことが起きた。球団の対応を含め、なぜだという思いが強い。来季は４番を打たせるつもりだった。これで井口や村松（有人《ありひと》）がいなくなれば本当にチームが崩壊する」

「こういうことが前例にならなければいいが。ファンも大いに嘆いたほうがいい」

球団への抗議電話は一夜で８００件を超えた。球団の公式ホームページの掲示板には「中内オーナーと高塚社長の辞任要求の署名運動を始めます」と書きこみが出た。これまで球団を支えてきた熱烈な福岡のホークスファンが、激しい球団批判へと転じた。

選手会長の松中信彦は「これで優勝の喜びがスッと消えた。ボクたちもいずれこんな目に遇うでしょう。12月の優勝旅行は行きたくない」と語った。

５日、ダイエー入団以来12年、盗塁王、ベストナイン、ゴールデングラブ賞各１回の俊足ベテラン外野手村松がＦＡ宣言をした。

「チームに愛着があり悩んだが、これからの野球人生を考え天然芝の球場でやる」。19日、フロントから心が離れた村松はオリックスへ移籍を表明した。王の不安の一つが現実になった。

「福岡ドーム」米企業が買収へ

小久保ショックが続く12月２日、ダイエーはコロニー・キャピタルとの間で球場・ホテル一括売却の基本合意書に調印、福岡事業の再建計画を発表した。

福岡事業が抱える約１２００億円の有利子負債のうち、主力６行とダイエー合わせ約２６０億円の債権を放棄、コロニーが約６０５億円の負債を引き継ぐ。子会社が持つ新神戸オリエンタルホテルやリクルート株などを売却して債務を圧縮する。球団を引き続き保有し、赤字を補填することも明らかにした。

福岡事業は球団を除く〝箱もの〟がダイエーの本体から切り離されて連結有利子負債は１兆９００億円となった。「新３か年計画」が目標とした05年２月期決算の有利子負債１兆円未満達成が現実味を帯びてきた。

コロニー会長兼CEOトーマス・J・バラックはダイエー社長・高木邦夫、ホークス球団社長・高塚猛と並んで会見し「ホテル、球場、球団の一体運営で利益が出る。最低10年保有することで事業の価値が生まれる。企業には得意、不得意分野があるが球団経営は得意ではない。ダイエーにすべてお任せする」と語った。

任された高木は「ダイエー再生の進捗状況に照らし、いろいろなことを検討するかもしれない」と曖昧に答えた。オーナー会議で「経営力が続く限り球団への広告宣伝費を支援する」と確認書を提出してひと月で早くもトーンは後退した。

高塚は「我々の志や事業を評価してもらった結果と思う。これまで通りに三位一体で運営する。球団が独自にチケットを売るよりもまとめて一定額で買ってもらい、安定収入とした方が安心して活動できる。日本一になったこともあり高くなると思う」と語った。

ドーム球場とホテルを持つ不動産会社「福岡ダイエー・リアル・エステート」は、球団とホテルを事実上運用する「福岡ドーム」を吸収し、04年4月から、コロニーの完全子会社「ホークスタウン」となる。そこでも高塚が社長に就任する。

チケットの一括販売を託す「ホークスタウン」は紛れもない外資であり、「外資の球団支配」との指摘が出されかねない危うい計画だ。小久保トレードで自壊危機の球団に新たな懸念が加わった。

12月5日、球団の新ポスト、代表取締役会長に就任した本社取締役佐々木博茂が、高木、高塚とともに記者会見した。

冒頭で高木が小久保問題を「ファンや関係者の皆様に多大なご心配、ご迷惑をおかけした」と陳謝し「親会社として球団の経営陣と監督・選手の信頼関係作りを強化したい」と会長ポストの役割を説明、マスコミは暴走気味の高塚を包囲、監視するポストと憶測した。

佐々木も「経営陣と現場がチームを強くするため努力したがコミュニケーションギャップが生じた」と述べた。すかさず高塚が「ギャップはない。不足したということだ」と強い口調で反論した。球団内の深い亀裂がまた露呈した。

会見で高木が球団経営陣のテコ入れを明言したのは高塚の不適切な言動を糾弾するファンや福岡財界の声が高まり、西日本新聞も「小久保ショック」と題した企画を始めたからだ。

企画は、小久保トレードを主張する高塚が反対するオーナー中内正を「私と小久保のどっちを選ぶのか」と怒鳴りつけた、小久保に「君のグッズは売れない」、工藤公康には「君が投げる日は客が来ない」と嫌味を言った、など過去の言動を容赦なく暴いた。そんなことが重なって工藤は99年に巨人へＦＡ移籍した。

工藤はローテーション通りに、火曜に登板したに過ぎない。野球を理解していない高塚は、年間を通してローテーションを守る困難さなどは考えもしなかった。ダイエー本社は高塚の経営手腕は評価しても、その振る舞いに危機感を募らせていた。

球団社長・高塚猛の反乱と密約

小久保と同じ青学出身の井口資仁の03年の成績は、１７５安打、27本塁打、１０９打点、盗塁

42、打率・３４０。素晴らしい成績を残して2度目の盗塁王、ベストナイン、ゴールデングラブ賞に輝いた。誰が見ても日本を代表する選手だった。

ＦＡ権は取得前だが、井口はシーズン後の10月30日、高塚に「ポスティング移籍」を強く申し入れた。井口は「日本一になった今年が一番いいタイミングだ。自分には移籍の自由や権利はないが、球団に恩返しができたのでなんとかお願いした」と説明した。

高塚は「入団1年後に当時の球団幹部が彼の希望を承諾している。期限は決めていないが約束は実行してあげたい」と語った。中内、王が残留を強く求め、難航のすえ12月28日、前年の３倍の２億４０００万円で井口は契約更改した。

契約更改の裏で高塚は保身のための〝密約〟を結んでいた。

「中内と高塚のどちらかが退任した場合、井口を自由契約にする」――これが密約文書である。

ポスティング制度の〝うまみ〟を考えると密約文書のインパクトは一段と強くなる。契約上は手放す必要がない選手を手放さざるを得なくなった放出球団には獲得球団から落札価格が支払われる。放出側は巨額資金を補強やファン対策につぎ込めば急激な戦力、人気、集客力ダウンをある程度回復できる一種の「補償」措置である。

しかし、自由契約の選手の獲得に「補償」は発生しない。仮に、ホークス球団を買収した企業が井口を残したければ、高塚に球団社長留任を要請するだろう。ダイエーが球団保有を続けて高塚を退陣させれば、井口は自由契約となって複数のメジャー球団と交渉し、一番好みの球団を選べる。選手を失い金銭的な補償ゼロの球団は、戦力、人気、集客力をすべて失い計り知れない損害を被る。

球団所有者が変わる、変わらないにかかわらず、井口を残すためには高塚が必要になる――これだけの〝からくり〟が前代未聞の密約文書には含まれていた。小久保事件を契機に自身に押し寄せる不信感の大きさを実感する高塚が編み出した究極の一手だった。

ダイエーはオーナー会議へ「球団の過半数の株主である限り、現体制のオーナー中内と球団社長・高塚を変更しない」と確認書を提出し、「協約に反して野球機構の承認なしに球団を第三者に売却しない」と誓約した。

誓約は「オーナー会議の承認があれば第三者に球団売却できる」と同じ意味だ。売却なら地位を失うはずの高塚は、密約によって球団売却後も現ポストに残る僅かな可能性を残した。

オーナー会議の確認書に密約が加わり、高塚は球団へ留まる担保を手にした。ダイエー本社が高塚包囲網をほぼ完成させたことへの対抗策として、高塚は井口との密約という時限爆弾を懐に入れて04年に臨む。会長の佐々木や本社が密約を知るのは1年も先のことである。

球団名から「近鉄」消える？

各球団がキャンプインする2月1日をプロ球界は元日と呼ぶ。コミッショナーの川島廣守は前年秋から後任者選びに着手、元法務省事務次官・根《ね》来《ごろ》泰周《やすちか》の快諾を得て04年1月30日、オーナー会議で退陣を表明した。任期満了前の退任も「球界の元日は新体制」を強く希望したからだ。

セ会長を14年、以後6年間コミッショナーとして球界発展に尽力した川島は「皆様のおかげで本日を迎えることができた。多くの天才と言われる人にも巡りあえた。感謝している」と挨拶、オーナー会議議長の渡邉が「困難な問題を手腕と人徳によって水が流れるように解決した最高のコミッショナーだった」と称えた。

新任の根来は記者会見で野球協約を「時代背景によって改正を重ねてきた。端的に言えばよく分からない。協約改正となれば、いずれはすべて改正しなければならない。私は野球界のプロテクターとなる」と決意を述べた。変革期の野球界を守る思いが「プロテクター」と言わせた。

根来は法務省官房長、刑事局長、事務次官、東京高検検事長、公正取引委員会委員長と厳格な法の世界を生きてきた。就任が内定すると、野球協約や統一契約書などを事務局から取り寄せて精読した。コミッショナー権限の曖昧さ、数通りにも解釈できる不可解な規定など早期に野球協約の改正や手直しが必要になると痛感したことが就任会見での発言につながった。


31日午後、球界の元日を前に近鉄球団ナインもキャンプ地の宮崎県日向市へ向け伊丹空港から飛び立ち、夕刻に到着した。監督梨田昌孝は出発前に、球団社長の永井から伊丹空港の個室へ呼び出された。選手の集合時間よりかなり早く、報道陣の姿はまだなかった。

「知っての通り、本社の目玉事業の志摩スペイン村などレジャー部門は経営が苦しく数年来、見直しを続けてきた。球団経営を効率化するため『大阪近鉄バファローズ』の大阪近鉄部分にスポンサーの名前を付けようと各企業と極秘に交渉している」

「応じた企業から対価をもらい、球団名は〇〇バファローズとなり、近鉄は消える。先のことだが、早ければキャンプ中もある。名は消えても球団は残り、選手の身分も雇用も守る。発表となれば、動揺しないようにと選手に伝えて欲しい。それまで他言無用で頼む」

親会社がバブル期の後始末にリストラを進め、球団経営も赤字続きのことは梨田も知っていた。

キャンプ出発直前に永井が打ち明ける衝撃的な内容に「よほど事態は切迫している」と感じた。沈んだ気持ちで梨田は選手とともに機中のひととなった。

近鉄球団ナインがキャンプ地に到着した夕刻、朝日新聞が夕刊１面トップで「05年は『○○バファローズ？』」「近鉄、『命名権』売却へ」「使用料、年35億円程度」と報じた。永井は午後６時から大阪のホテルで緊急に記者会見した。

「これは命名権付きのチーム協賛という新しいかたちの権利協賛セールです」

永井は新しい価値ある企画と自賛し、野球のビジネス展開を順序良く説明した。

近鉄が01年にパの優勝を飾った際に広告会社が露出効果を算定したところ３６１億円相当と報告を受けた。最下位だった02年は１４０億円相当と算定された。

そこで、今回は球団の経営権を近鉄が持ったうえで、露出効果の１割相当の35億円を基本料金として、球団名を売却する新ビジネスに挑戦する。リーグ優勝で基本料金プラス10億円、最下位はマイナス10億円のインセンティブ（出来高）を付けた。近鉄バファローズの「近鉄」部分は「35億円±10億円」で協賛企業名に変わる。当時の近鉄球団は、選手の年俸や大阪ドームの使用料金などで40億円の赤字だったとみられる。

協賛企業は、大阪を第一に望むが、地域にこだわらない。場合によっては外資もあり得る。スポンサーの業容は問わない。05年開始を予定。収益の一部は大阪市内の小中学生への野球用具寄付など野球振興事業に充てる。

報道陣へ配られたパンフレットの表紙は「極秘」と印字され「大阪バファローズ　命名権付きチーム協賛のご案内」と表題が付いていた。「極秘」のものをなぜ配るのか。スクープに不意打ちされたためのちぐはぐな対応だった。パンフレットでは命名権効果を次のように強調した。

◇協賛条件は「5年以上＋前年順位に応じたインセンティブ契約」

◇これまでの単純なネーミングライツや、Jリーグのようなユニホームにロゴを入れるだけのチーム協賛とは異なる

◇球団経営と分離して御社の広告扱いとして利用できるまさにビッグな権利内容

◇御社の名前のチームが全国の球場を駆け回り、常に御社の名前がにぎわい、選手を御社の広告に利用することも可能

◇プロ野球の球団名が持つ莫大な露出効果をそのまま利用できる

永井は「新しい野球ビジネスで収益機会を作る」と十分な自信を見せて会見を終えた。

日向では梨田が殺到する報道陣に対応した。

「キャンプイン前日にそうした話が出るのは〝しっかりやれ〟とわれわれの尻を叩いたと理解している。会社がいろいろ考えるのは当然でしょう。チームの仕事は勝つことだ。全力を挙げて戦う。近鉄に世話になって33年、近鉄の名前が消えるならやはり寂しい」

表情はいつも通りに穏やかだったが、口調は沈んでいた。

オーナーの田代和は「社長発表の通りだ。野球協約に違反するとは思わないが、最終的判断はコミッショナーにお願いする。他球団のオーナーの賛成も得られると思う」と語った。

近鉄が命名権を撤回

同夜10時過ぎ、巨人軍オーナー渡邉が球団を通じて命名権へ反対する見解をファックスで一斉に各報道機関へ送った。

「近鉄が球団名称、呼称を売却するのは野球協約への明確な違反である。コミッショナーの裁定を待つが、必要ならオーナー会議を招集し協約違反の実態を明らかにして阻止する」

渡邉は阪神・久万俊二郎、中日・白井文吾両オーナーと共同歩調をとる、と付け加えた。

野球協約上、「地域権」や「球団名称」の決定や変更は実行委、オーナー会議の承認が必要だ。実行委は1月26日、オーナー会議は30日に開かれたが、近鉄側からは何も説明がなかった。

永井が記者会見で報道陣へ公開したパンフレットは近鉄が早くから準備し、協賛企業を極秘に勧誘したことを示していた。プロ野球の仕組みを無視したような発表に球界は激しく反発した。ヤクルト球団社長の多菊《たぎく》善和は「事実上の身売りではないか。球場や2軍の名前を売ることとはわけが違う。反対するところも出るだろう」、オリックス球団社長の小泉隆司《たかし》も「こんなことが許されるのか。オーナーとオペレーターが違う」と疑問視した。

永井は3日、キャンプ地の日向で選手に事情を説明した際に「優勝すれば上積み分をボーナスとして支給する」と選手を督励した。これも問題だ。上積み額10億円は日本シリーズ出場が前提だ。ＮＰＢ主催の「日本選手権（日本シリーズ）試合規定」には「出場の前、またはあとに（ＮＰＢ支給の）選手資金の分配以外の賞与、賞品を与えてはならない」とある。野球協約に付随する「試合規定」の無理解から生じた計画である。

永井は「命名権はパの会長には事前に話してきた。これからは各球団に理解してもらうように話す」と語った。「話してきた」はこの場合、小池の理解を得た、と同じ意味だろう。

実際に命名権問題が表面化した1日、小池は「事前に相談を受けた。球団経営が厳しい中で命名権をどう利用するかは球団が判断すること」と理解を示した。しかし3日には「これだけ反対が多いと実現は難しい」と表現を変えた。

近鉄球団本部長の小林が4日に上京し、コミッショナーの根来へ初めて命名権問題の経過を説明した。根来の感想は厳しかった。

「実行委員会などで他球団の考えを聞かずに発表した。常識的に納得できない」

「（球団名変更の）手続きは野球協約を読めば分かることだ」

「手続きを大きく跳びはねたやり方は『話にならない』と他球団が反発するだろう」

5日午前、永井が根来への釈明に上京したが、根来はその場で命名権計画の撤回を要請した。

「実行委員会などに諮らず、強行突破を図ったように見える姿勢は理解が得られない。組織内の民主主義を尊重すべきだ」

野球協約の「解釈上疑義が生じた場合、コミッショナーが最終判断する」に基づく「判断」である。急ぎ大阪へ戻った永井が近鉄本社社長の山口、オーナー田代と鳩首協議し、コミッショナー判断に従い、白紙撤回が決まった。

午後6時30分、永井と小林が大阪のホテルで記者会見した。「命名権問題を原点に戻します」という。原点とはなにか。「白紙撤回です。実行委に諮ることはありません。10年、20年後は分からないが……」。永井がか細い声で答えた。

31日の記者会見からわずか5日、近鉄の新しい試みは失敗に終わった。

渡邉は「誰が見ても明らかな協約違反。それを知らなかったならば不勉強だ」と突き放した。

近鉄本社では社長の山口が広報担当常務の岡本直之を呼んだ。日時ははっきりしないが2月6

日以降であることは間違いない。

「君、いつか日向へ行ってくれんか。はっきり言っては困るが、いつまでも球団が続くとは限らない。そういう日がやがて来る。そんなことが分かるように代表と監督へ匂わせてきてくれ」

いざという時への山口の配慮だ。球団に対する山口の厳しい考えを熟知する岡本は、とうとう球団を手放す時が来たか、と複雑な気持ちで日向へ乗り込んだ。キャンプ地には多くの著名人ファンが激励に訪れる。この年もそうだった。代表の足高圭亮《あしたかけいすけ》や監督梨田を有名人や野球界の要人が囲んでおり、球場では密談できなかった。夜は2人を連れて食事へ出かけたが、ここでも著名人と一緒になった。岡本は著名人を気にしながら「匂わせた」が、足高や梨田に正確に伝わったかどうかははっきりしない。

球団売却か合併、あるいはまさかの球団解散か。方法はともかく、日向行きを岡本へ指示した時、山口の気持ちが球界撤退へ大きく傾いたことだけは間違いない。

堤義明「弱い球団潰れて球界活性化」

2月25日、宮崎県・日南海岸で西武オーナーの堤義明が球界の将来図を自信満々に語った。西武は、攻守走三拍子を備えた名遊撃手の松井稼頭央《かずお》がＦＡ権を行使してメジャーのメッツへ去り、大きな穴が開いた。さらに、現役を引退した伊東勤が選手兼コーチの経験しかないまま監督に就任するなど戦力、作戦面で大きな不安を抱えていた。しかし、堤は強気だった。

この時、松井に続きエースの松坂大輔までがメジャー志望を明らかにしていた。

「西武としては寂しいがいずれは気持ちよく送り出してあげたい。主力のメジャーへの流出は日本にとってマイナスとよく言われるが決してそうではない。レンタル制などもコミッショナーに考えてもらいたい。来春は松井が入団したメッツを呼んでオープン戦をやりたい」

堤は別の視点からの球界論にも話を広げた。

「野球は強弱があるから面白い。格差がつくのは良くないという社会主義の考えはつまらない。弱いところが潰れた方が活性化されて発展すると思う」

巨人の渡邉は前年６月、球界改革を目指すと力説した際に「カネを使わない球団は辞めてもらわないと」と発言した。「弱いところが潰れた方が活性化」はこの発言と重なる。

近鉄のネーミングライツ騒動で球界の厳しい台所事情が社会を驚かせた直後の重要発言だ。堤発言は朝日新聞だけが２月26日の運動面の企画の中で見出しもなくさらりと触れた。企画はダイエー、近鉄両球団の経営問題で揺れる球界の現状と問題点を追う３回の短期連載の２回目、米球界やフットボール界の実情を「富の再分配という〝社会主義〟的な仕組みが構築されている」と紹介した中でのひとコマである。

企画との関係で同紙記者から聞かれて堤が答えたのだろう。堤は水割りウィスキーを手にしていたという。キャンプ地の解放感が思い切った発言につながったのだろうが、球界の将来像にかかわる重大発言に変わりはない。

他紙は堤の「松坂のメジャー容認」と「レンタル制」を大々的に報じたものの、重大発言は報じなかった。

堤は前出の「野球とメディアの支配者・渡邉恒雄」の特集記事にも登場した。

「プロ野球はいまのままではダメになる。いちばんプロ野球のことを考えてくれるのが渡邉さん。

渡邉さんに比べパのオーナーはあまり球団に興味がないというか分かっていない」

「いくら赤字を出しても涼しい顔をしている。赤字を早く解消していかなきゃいけない」

「（１リーグとか）具体的な話でなくどうしたらプロ野球が活性化できるかという論点で意見交換はしています。現在進行形の話だから今は話すわけにはいかない」

「球団経営は大変ということです。うちの宣伝費は年間１００億ですが、球団のイメージアップのために20億使っている。宣伝費１０００億の企業ならいいけどうちは大変です」

質問者は、公式戦で巨人と対戦すれば宣伝費の悩みも解決すると、話題を巧みに〝リーグ再編〟問題へ誘導した。

「そうですね。でも、この問題はちょっとねえ。うっかり言えないですよ。やっぱり胸に秘めておかないと」

発言の時期は渡邉インタビュー（03年11月5日）の前後である。その後ダイエー、近鉄の球団経営危機を思わせる出来事が矢継ぎ早に起きた。そこへ「弱いところが潰れた方が……」である。弱い球団が潰れたらパは5球団となり、日程編成が満足にできない。目玉政策として打ち出したプレーオフ制も破綻し、リーグの「活性化」どころか「衰退」へ向かう恐れさえある。

渡邉は折に触れて「有志連合」「新リーグ」「１リーグ」などと発言し、球界を揺さぶってきた。堤も渡邉との親しい関係を隠そうともしない。

実際の付き合いの深さは分からないが、ドラフト改革とＦＡ導入問題が大詰めを迎えていた１９９３年春、２人が突然手を組んで球界を揺さぶった過去がある。それだけに堤の発言は球界の将来を考えるうえで、重く響くものがある。

根来泰周「12球団は永続的か」

記者会見で要人が語る言葉をどう料理して何を伝えるか。すべては現場記者の感性と注意力、報告を受け取るデスクの判断力にかかる。堤発言直後の３月３日、コミッショナーの根来が日本記者クラブで会見し、交流試合に意欲を見せた時もそうだった。会見を取材したメディアは多かったが、日刊スポーツだけが球界の将来を暗示する根来の発言を拾っていた。

パが新しい振興策として１―３位球団によるプレーオフを採用したため公式戦はセ１４０、パ１３５の変則日程となった。根来はこの枠組みをそのまま残し、新たにセパ各球団の２回総当たりの交流戦12試合を追加する考えを披露した。

「交流戦実施は個人的に面白い。両リーグの利害が対立して従来の公式戦を削るのは難しい。選手会との問題はあるが、公式戦を予定通りに行い、上乗せするならできるのではないか」

セの反対を承知のうえの発言だ。「実現の可能性」について根来は「球団を馬にたとえるつもりではないが、強引に水を飲ませるつもりはない」と強権発動を否定し、選手会と各球団との話し合いに任せる方針を強調した。

このほか、黒い霧事件で永久追放された選手について「無期懲役囚でも15年から20年で仮釈放される現実がある。ファンの立場で考えればどうか。しかし、野球協約上は解除の規定がない」と、ここでも野球協約の不備を指摘した。

球場で応援団が拍手や応援歌をファンに強制することについては「野球は自由に楽しむべきだ。騒音だらけの球場で観戦するのは不幸だ」、あるいは「一般企業では不況で解雇される人まで出ている。選手が高すぎる年俸を手にしている。選手の社会貢献こそが重要だ」など球界の現状や目指す課題を素直に語った。

一般紙、スポーツ紙とも「セパ交流戦面白い」「前向き」と伝えた。日刊は「根来コミッショナー高額年俸危機感　セパ交流戦へ前向き」の見出しを付け、発言をこう報じた。

「選手、球団に社会と違うところがある。給料がやたらに高くなっていることが、一般社会に好感を持たれるだろうかということ。経済状態が問題になってくると、12球団体制が永続的なのかどうか考えていかないと。誰もがそう考えていると思う。選手も自分の力だけで行くんだというと、衰亡していく」

「大リーグとの違いはファンサービスの徹底。いいプレーを見せればいいでは通らない」

根来は日頃から記者たちに「日本もファンサービスを口にするが、サインを求められた選手は仏頂面《ぶっちょうづら》のままや。あれはいかん」と危機感を語っていた。

コミッショナー事務局担当2年目だった日刊の栗原弘明が発言を取り上げた経緯を語った。

「あの当時は社内に『必ず球界再編がある。どんな形で表面化するか、その兆しは見逃すな』という共通認識があった。根来さんの『12球団体制は永続的か』をデスクへ伝えたらすぐに強い興味を示してくれた。連携がうまくいった」と語った。

それにしてもコミッショナーが就任ひと月の時点で12球団体制の永続性にかすかでも懐疑的な見方を示したことは衝撃だ。根来にそう思わせる「なにか」が勢いを増して来たことを示していた。

渡邉を先頭に球界再編や1リーグ制を思わせる球界要人の発言が渦巻く中で、プロ野球は創設70周年記念イヤーの開幕を迎えた。

球界要人の「１リーグ・再編」発言録（2002年から04年3月3日まで）

2002年	
1月9日	「銀行なんて高く売れればどこにでも売るだろう。消費者金融やギャンブル企業が買ったらどうするつもりだ。変な企業に渡らないようにオーナー会議を開いて徹底的に審査したい。加盟の拒否権を発動できるよう協約を改正する必要がある」（**渡邉恒雄**）
1月26日	「球団を売却する側にはそれなりの事情がある。球団の買い手が出せる金額は決まっている。加盟料は苦労して球団を運営、手放すことになった側の取り分が減るだけだ」（**宮内義彦**）
11月25日	「近鉄は堕落したのか。そんなことではパは潰れる。そういう球団は出て行ってもよい」（**渡邉**、近鉄が消費者金融の商標をつけると発表後）
2003年	
6月10日	「体を張っても球界の改革だけは1年以内にやり遂げる」 「カネを使わない球団は辞めてもらわないと」（**渡邉**）
7月11日	「プロ野球が品位を保とうとする中で、ユニホームに消費者金融の広告はおかしい。巨人が優勝した暁には、近鉄が出てきても日本シリーズは断る」（**渡邉**）
9月10日	「12球団の決まりはない。15の時、5、6の時も過去にあり異常ではない。そういう時期に来ているかと思う」（**渡邉**）
12月12日	「グループ内の赤字会社を今は整理しているが、野球はそうもいかん。球団を売る？　今どきどこの企業が買いますか。野球もビジネスを追求すべきだ。芸者遊びじゃないからね」 「この先、将来は1リーグとか。プロ野球がこれからどうなるのか分からない」（**山口昌紀**）
2004年	
1月31日	「近鉄が球団名称、呼称を売却するのは野球協約への明確な違反である。コミッショナーの裁定を待つが、必要ならオーナー会議を招集し協約違反の実態を明らかにして阻止する」（**渡邉**）
2月上旬	「いつまでも球団が続くとは限らない。そういう日がやがて来る。そんなことが分かるように代表と監督へ匂わせてきてくれ」（**山口**）
2月25日	「野球は強弱があるから面白い。格差がつくのは良くないという社会主義の考えはつまらない。弱いところが潰れた方が活性化されて発展すると思う」（**堤義明**）
3月3日	「12球団体制が永続的なのかどうか考えていかないと」（**根来泰周**）

第３章　「近鉄いただきます」

札幌〝開幕戦〟と「1リーグ」

プレーオフ制度を導入したパ・リーグは２００４年３月27日に福岡、大阪、西武の３球場で開幕戦を行った。セ・リーグはこの日、まだ横浜、神宮、甲府の３球場でオープン戦中だった。チグハグな日程は、巨人と阪神がヤンキース、デビルレイズと対戦する親善試合を３月28日、29日に行い、ヤンキースとデビルレイズのメジャー開幕２連戦を30日、31日に東京ドームで行うためである。03年にＦＡでヤンキース入りした松井秀喜の凱旋試合でもあった。

セ・リーグが開幕したのは４月２日。この日、北海道に本拠地を移した北海道日本ハムファイターズも札幌ドームで本拠地〝開幕戦〟を迎えた。

試合開始の３時間近く前からファンが長い列を作り、午後４時15分に開場すると、日本ハムは監督トレイ・ヒルマンを先頭にコーチ、選手が並んでファンを迎え、先着１０００人とハイタッチした。２年目となるヒルマンはヤンキースのファームで監督経験を持つ。

午後６時試合開始。球場の外はマイナス１度、周りは一面の雪景色だが、ドームに詰めかけた３万５０００人の観衆は快適な温度の中、対西武戦を楽しんだ。

先発は、西武松坂大輔、日本ハム金村曉《さとる》。１回裏日本ハムの１番坪井智哉が初球を右翼線２塁打、すぐに犠飛で先制すると、守備ではメジャー帰りのセンター新庄剛志が右中間を襲うライナーを背走してジャンピングキャッチするなど鮮やかなプレーをみせてファンを沸かせた。

６回無死からライトフェンス直撃の痛打を放った小笠原道大《みちひろ》は３塁まで全力疾走した。日本ハムが３点リードして次は４番だ。普通ならば２塁ストップだが、球場を揺るがす大声援に小笠原は「ファンと走った」と球場の熱気を振り返った。

日本ハム選手の好守、好打、全力疾走にファンからはたびたびウェーブが起きた。

金村が７回途中まで投げ、救援３投手の好投で、日本ハムは歴史的な試合を制した。勝利の瞬間、金村は満員のレフトスタンド前へ駆け出しファンと万歳三唱した。球団はメジャー式に３塁側をホーム、１塁側をビジターとしていた。

観客とハイタッチ、万歳三唱、ウェーブ、全力疾走。「札幌でファンと一緒に、強くて愛される球団を作る」と選手に呼びかける監督。地元と一体となった本拠地での初勝利にオーナー代行の小嶋武士も確かな手ごたえを感じた。

小嶋は日本ハムの札幌移転の立役者である。球団創設２年目の１９７５年から球団経営を学ぶためヤンキースへ２年半も〝野球留学〟し、地域と歩むメジャー選手の姿を学んだ。

後楽園、東京ドームで巨人に圧倒されるたびに「メジャーのような専用球場が欲しい」と考えてきた。97年ごろから、球団内で協議しようやく札幌進出を実現させた。
札幌移転のこの年元日、創業者の大社義規《おおこそよしのり》が出身地である高松市内で開いた賀詞交換会に小嶋も出席し、地元著名人や選手、職員、関係者ら約２００人の前で「今年からは北海道に密着し、地域の発展に貢献しながら共存共栄を図る新しいプロ野球の姿を求める。球場周辺に家族や地域の人が集うボールパークを作り未来永劫に地域と共存、繁栄を追い続ける。皆さんともども地域と球団のために頑張る」と決意を述べた。ファンの熱気を実感した小嶋は、改めて地域密着を目指す球団作りに意欲を燃やした。

小嶋は水面下で進む「１リーグ」構想を札幌ドーム開幕日に球界の要人から聞かされた。

北海道のプロ球団誕生を祝う日本ハムは新コミッショナー根来泰周、パ会長小池唯夫とともに前コミッショナーの川島廣守を招待した。

試合前のひと時、新旧コミッショナーと小池が北海道でのプロ球界の未来やプレーオフ実施によるパの活性化などを話し合った。そのうちに「将来を見据えて球界を１リーグ10球団にする動きが始まった」ことに話が及んだ。

「10になれば少なくとも合併は２つだ」「パだけの話だろうか」「セとパで同時に２つの合併が出るのだろうか」。３人はまるで共通の情報に接しているように、驚きもなく淡々と話を続けた。根来が日本記者クラブで「12球団が永続的かどうか」と語ってひと月が過ぎていた。

１人が小嶋に「君のとこは札幌に移転したばかりだ。１リーグに再編されても関係はない。この地にしっかり根を張って頑張ることが先だ」「球界未開の地で新しいファンと将来の球界を盤石にしたらいい」と声をかけた。具体的な球団名もない不思議な会話を小嶋は胸にしまった。

一方、8年ぶりでロッテ監督へ復帰したボビー・バレンタインは、開幕当日も千葉マリン球場近くでトークショー後に球場入りした。球団代表の瀬戸山隆三と「ファンサービスを選手とともに第1の目標とする」「試合に関係なく球場の雰囲気を楽しめるチームを作る」約束を実行した。

試合前のバレンタインは「今日から　みんなと一緒に　未来を作ろう！」と書かれた長い横断幕を選手とともに高く掲げてファンへ応援を呼びかけ、マイクを握ってスタメン発表するなど積極的なファンサービスに徹した。

クロスゲームの末、押し出しの4球で本拠地初戦にサヨナラ勝利すると、駆け足でライトスタンド前へ。そこで監督が音頭をとってファンとともに万歳三唱である。

札幌と千葉で外国人監督が率いたチームがファンと勝利に歓喜する姿が、変わろうとするパの姿を強く印象付けた。

アテネ五輪「金メダル」のために

２００４年の日本の野球界は、いくつもの明るい兆しが見えていた。

8月13日に開幕するアテネ五輪で金メダルを狙う日本代表監督の長嶋茂雄は日本選手団の入場行進に「ぜひ参加したい。一度は経験したい」と希望を表明、ＪＯＣ会長竹田恒和が「長嶋さんはエグゼクティブアドバイザーだ。野球への国民の期待も高いのでお願いしたい」と応じた。

プロ選手だけで編成する長嶋ジャパンは各球団から平等に2人、計24人で臨むことが決まっていた。開催時期がプロ野球リーグ戦のヤマ場と重なるため、各球団の戦力均衡を強く意識した方法だが、選手が故障した際の補充が難題だった。代替え選手が少ない捕手、2塁手やショートが故障した場合、所属球団から２番手を選ぶよりは、他球団のレギュラー補充が現実的だ。が、それでは選手２人の平等が崩れる。

五輪出場をかけたアジア大会は、シーズンオフのため選手選出は自由。巨人と中日から各４人、西武３人、４球団から各２人、３球団から各１人、ゼロが２球団で、22人の選手枠をセ14人、パ８人で埋めた。大会直前、俊足の阪神赤星憲広が故障で出場を辞退した。長嶋は「チームの一体感を保つ」と補充を見送り、若手投手の和田毅の代走起用を考えたほどだ。

五輪は枠が24人に広がるが、同じことが起きたらどうなるか。「五輪で金メダルを獲得し、野球文化をさらに発展させたい」という長嶋の思いにＪＯＣ名誉会長の堤義明が「各球団２人はオーナー会議の決定事項だが、最後は監督の判断だ」と応えた。前阪神監督の星野仙一も「不平等がドラマを生む。派遣選手数が異なる不平等は当然」と長嶋を後押しした。

実行委員会は、五輪選出選手が故障や不測の事態で出場不能の場合、「２人を超えて派遣に同意する球団から選手を獲得できる」対応を決めた。ＪＯＣ、野球界全体で長嶋ジャパンへの応援態勢が確立し、五輪野球への熱気が日ごとに高まっていた。

プロアマ雪融けの吉報

プロアマ関係も雪融けが進んでいた。

「これが日本の野球界の新しい夜明けになると信じたい」

１月８日、明治神宮会館で現役プロ野球選手の「高校球児へのシンポジウム」を視察したコミッショナー川島が嬉しそうに語った。川島と日本高野連会長の脇村春夫が、28日、それぞれの組織の長としてわずか3項目の覚書を交わした。

高野連とNPBは野球界が健全な発展を遂げるため、

①高校生にはドラフトの自由獲得枠を採用しない

②NPBはドラフトで高校生に関する内容を変える際は事前に高野連へ説明、理解を得る

③今後プロ球団の高校生勧誘の際にプロアマの健全な関係の阻害やその恐れがある時は双方で調査、是正し適切な指導、処置を行う。なお、阻害行為が著しい場合は処分を行う

コミッショナーを勇退する川島最後の大仕事だった。

①はすでに協約にうたわれていたが、②で高野連の意志に反して協約を無断で変えないよう改めてくぎを刺し、③の「なお」以下は脇村が「プロアマ融合を実現させるための譲れない条件」と川島へ迫り、プロ野球実行委員会が追加を承認した。

「雪が融け始めた。川島さんとプロ野球選手会が雪を融かしてくれた。まだ30から40％だが、ようやく出発点へたどり着いた。プロ野球関係者が高校生を指導できるように今秋までにまとめたい」。脇村は覚書承認をうけた記者会見でこう語った。

「一定の条件のもとで、現役プロ選手からの指導は高校野球の発展につながる」が持論の脇村は02年の会長就任以来、川島と協議を重ねた。

「従来と同じ過ちを繰り返さない確約が、プロ側の指導を受け入れるための大前提」と高校生への対応に節度を求める脇村の主張に川島も共感した。競争が激しいプロ野球は、一部を除けば選手生命は短く、セカンドキャリアがはるかに長い。高校球界はプロ選手の母校トレーニングや引退後のコーチも認めていない。引退後アマ球界に戻ることもできない多くの若手選手を知る川島は「球界百年の大計だ」と消極派を説き伏せて「阻害行為が著しい場合は処分」を盛り込む覚書締結にこぎ着けた。

脇村は覚書調印後、「相手が川島さんでなければまとまらなかったのではないか」（『日本高等学校野球連盟70年史』日本高等学校野球連盟、２０１８年）と川島への感謝を記した。

歴史的な覚書締結の背景には、プロ野球選手会とプロ野球ＯＢクラブの存在があった。選手会は02年夏、「育ててもらった高校野球に恩返ししたい」とオフのイベント事業などの収益の贈呈を高野連へ伝えた。これが03年暮れと翌年1月の大阪・東京の高校生相手のシンポジウムにつながった。２日間で計２７１校、４１９１人の球児と指導者が参加、ユニホーム姿で練習方法やプレーの奥義を指導する古田敦也、工藤公康らに目を輝かせた。

覚書調印後、高野連は「プロアマ健全委員会」を作り、プロ野球ＯＢの指導受け入れや選手会のシンポジウム継続を決めた。シンポジウムは以後11年まで毎年６地区を対象に選手会が開催、参加校は計３６８１校に達し、プロアマ融合の大きな架け橋となった。

プロ野球ＯＢクラブが長年続けてきた指導者講習会はコミッショナーが適任者を高野連へ推薦、各都道府県高野連が推薦リストから講師派遣を要請する。野球部員、指導者へのコーチは各高野連が開催する複数校参加の行事に限り、個別学校への巡回指導は行わないルールができた。

根来泰周「協約は時代遅れ」

明るいニュースが人々の目には触れるが、底流では球団経営危機や「１リーグ制」「球界再編」論がくすぶっていた。そして、「協約改正を急ぎたい」根来に格好の機会が到来した。ホークス球団社長・オーナー代行として辣腕をふるう高塚猛の社長辞任を巡るゴタゴタである。

　球団、福岡ドーム、ホテルの福岡3事業を有機的に運営して成果を上げてきた高塚は「再建請負人」として脚光を浴び、その営業手腕を高く評価する出版社「ダイヤモンド社」の社長への6月就任が4月15日夜、明らかになった。

　高塚と対立を強めるダイエー本社は同夜、「本人からなにも話がない。当社は球団社長との兼務は困難と考える」とコメントし、暗に球団社長辞任を求めた。

　16日午前にダイエー本社が「本人から辞任の申し出があり了承した」と発表すると、高塚も福岡で会見し「辞めるとは言ってない」と反論した。ダイエー社長の高木は同日の決算発表後、「乱暴な物言いだ。兼任は無理と双方で確認した。辞めていただく」と明言した。

　19日、渡邉恒雄は高木がオーナー会議へ提出した「オーナー中内、球団社長高塚の地位を変更せず、2人を中心に興業、編成などの球団運営を行う」との確認書を報道陣に見せて「高木さんは、『高塚が自分で辞める』と説明したが実際は解任だ。嘘は迷惑だ。確認書違反なら球団存続は今季限り」と言い切った。

　高塚は年明けから球団を買収しそうな企業をリサーチ、コロニーが反対する球場の命名権売却も親しい企業と交渉するなどいざこざが重なった。

　ダイヤモンド社の社長就任は、ダイエーにとっては高塚追放の好機だが、高塚の地位を保証した確認書が大きなネックだった。その後、高塚は球団社長を辞任、オーナー代行は続けることが20日に決まった。高塚のオーナー代行継続を受けて、渡邉は語った。

「社長を辞めさせて、オーナー代行でどうだと妥協案を（私が）高木さんへ出した。実際は解任で辞任の形は偽装、ごまかしだ。あとはコミッショナーがどう解釈するかだ」社長辞任に激しく反発した張本人が、自分でアドバイスした妥協案を「偽装、ごまかし」と悪びれずに語る。勢い余って口を滑らすこともある。渡邉を報道陣が囲むゆえんだ。パ会長の小池も「解任ではないから確認書は障害にならない。人気球団ダイエーが頑張っているし、円満解決を望んでいた」と同調、高塚は「野球界では球団社長よりもオーナー代行の役職が上だ。下の職の社長を辞めても現体制は全く変わらない」と断言した。

社長を上回るオーナー代行とは、そもそもどういう地位なのか。

野球協約

20条（オーナーの定義）「この協約においてオーナーとは、球団の役員であって、当該球団からそのオーナーとして所属連盟会長およびコミッショナーに届け出られた者をいう」

22条（職務代行者、臨時代理人）「オーナーに事故がある場合に、その職務を代行すべき者（以下オーナー代行者という）を定めてあらかじめコミッショナー事務局に届出ることができる。オーナー代行者は、オーナー会議にかんしてはオーナーと同一の権限を有する」

では、オーナー代行は球団所属者に限るか、他組織に属していても可とするか。規定がない。

4月26日、実行委員会で「オーナー代行」の地位が論議された。根来は「オーナー代行は議決権を与えられている以上は当然、球団役員と解釈される。そうあるべきだ」と明言した。

実行委は高塚が球団役員である限り、社長辞任は確認書に触れないと判断、「オーナー代行は球団役員である」一項を議事録に残した。協約の〝抜け穴〟のひとつがこうして補正された。確認書で約束した地位は高塚「社長」であり「オーナー代行」ではない。そう考えれば明らかに確認書への違反だが、シーズン開幕直後に確認書違反を押し通してダイエー球団の参加資格が混乱すれば、プロアマの雪融け、アテネ五輪の金メダルの夢、札幌進出やプレーオフによるパ活性化はすべて水の泡だ。根来、渡邉、小池、高木らの対応からは混乱回避の思いが伝わる。

協約はつぎはぎ、穴だらけだった。横浜球団株問題でクローズアップされた「加盟料」は部分的に修正されたが、本質は変わらなかった。新球団の参加は60億円、既存球団を買えば30億円の加盟料を取り、ＮＰＢと構成全球団に均等分配する規定はそのまま残った。

「加盟料」を徴収する根拠はなにか。新規加盟と譲渡でなぜ金額が違うのか。分配はいつか。そもそも「山分け」の印象を与える分配が「文化的公共財」のプロ野球に相応しいか。

球団の興行権も曖昧である。試合の日程を決め、入場券を販売する、グッズを売ることは球団独自の経営権、興行権という解釈が一般的だ。ではその権利を地方の試合ですべて第三者に委託販売することは許されるか。協約上の明確な定義はない。

各球団の本拠地の利益を守るために、他球団の本拠地では試合の主催も野球に関する活動もできない。無届けは協約上「地域権の侵犯」とされ、侵犯した球団は被害球団の請求に応じて50万円以上の補償金を払う規定がある。

近鉄が優勝し、大阪から神戸までを阪神、オリックスの了解を得ないままにパレードをすれば兵庫県部分の「侵犯」として補償金を払うこともありうる。阪神、オリックスが大阪・梅田から神戸まで優勝パレードをしても同じ侵犯問題は大阪で起きうる。

就任時に「球界のプロテクターになる」と語った根来は、こうした不備や曖昧さをできるだけ早く改正したいと考えていた。

高塚問題を契機に、根来は「世の中はいま急速に変化し昨日までの当たり前が通用しない。協約がまさにそうだ。全体を見直して整合性を取らないと時代遅れになる」と説き、7月7日のオーナー会議で協約改正着手の可否をはかることになった。

球団側も異論はない。関係者によると野球協約改正について積極的に発言したのはオリックス代表・小泉隆司、近鉄球団社長・小林哲也だった。小泉は「事務局任せでは本格的改正は無理、専門委員会を作ろう」、小林も「実行委員会とオーナー会議の役割が不明など問題は多い。小手先ではなく時間をかけて取り組む」と改正を強く求めた。

極秘契約・外資がホークス支配

「ダイエーの興行権は外資へ移った。あとはコミッショナーがどう判断するかだ」――高塚辞任の舞台裏を明かした4月20日、渡邉は別の衝撃的な事実も明らかにした。

福岡3事業のホテルと球場を持つ「福岡ダイエー・リアル・エステート」は、双方の運営会社「福岡ドーム」を吸収合併し、4月1日からコロニー全額出資の子会社「ホークスタウン」となり球団興行権を握る。直前の3月31日、福岡ダイエー・リアル・エステートと福岡ダイエーホークスは「入場券・物品販売等に関する契約」を結んだ。

表紙に「ＣＯＮＦＩＤＥＮＴＩＡＬ」（極秘）とゴチックで強調、その下に普通の字体で「入場券・物品販売等に関する契約」と印字された契約書は全17枚、８章31条からなる。契約当時の両社と翌日新設のホークスタウン社の社長はすべてオーナー代行高塚猛である。

契約は期間中の入場券、物品、マスコミの放送、放映権、グッズ販売の独占的権利を球団がホークスタウンへ丸投げし受け取る「対価」を決めたものだ。有効期間は30年。

中心となるチケット販売料の対価は、契約２章「入場券・物品販売の許諾」にうたわれた方法で算出される。

「①基本料金32億１８００万円」＋「②前年度の平均入場料収入の１割」×０・９１８４がその対価だ。①は固定、②は変動だが、初年度（04年）は「過去３年間の福岡ドームの平均入場料収入平均値の１割」に置き換えて「基本料金」と合算するとした。

その結果、初年度の支払い総額は35億７４５５万円となった。

算出された金額から逆算すると過去３年間の「福岡ドームの平均入場料収入」は約60億３３００万円となり、従来球団が球場へチケットを一括販売していた際の対価32億円を大きく上回る金額となる。これはホークス球団が受け取る対価をアップさせる効果がある。

これをアメとすれば、契約書には球団を身動きできなくするムチの禁止条項も並ぶ。

「本拠地福岡と専用球場福岡ドームの移転、変更」（３条）、「球団、チケット販売権の譲渡」（４条）、「球団の名称の変更」（５条）をすべて30年間、禁止した。

加えて24条７項「球団の遵守義務」には、期間中の専用球場移転、ホークスタウンの書面承諾なしに球団営業権を売却・譲渡、球団営業が不能などの事態になれば「入場券・物品の算定式」の対価額に残余の年数を乗じた損害賠償金を支払う、とある。残余年数20年ならば、基本料金32

億円×20で少なくとも６４０億円の賠償義務が生じる。

　支払いを担保するため、球団、ホークスタウン、ダイエー本社、関連会社が加わる４社間で全13条の契約も結ばれ、「球団の営業損失は球団が返還義務を負わない方法でダイエー本社が補塡する」（３条）とうたわれたが、ダイエー側にその余力はもちろんない。

「営業費用は直近３期の平均値を10％以上、下回ってはならない」（24条３項）というプロ球団らしからぬ規定もある。営業費用には選手の年俸も含まれるが、緊縮財政下の球団でもせめて「上回ってはならない」か「現状を維持する」だろう。これではプロ野球として選手やファンが集まるはずはないから、球団が営業不能に陥る。そこへ32億円を乗じた賠償金をホークスタウンへ支払う義務が立ちはだかる。そんな球団に明日は来るだろうか。

　協約の遵守を第一にうたい、予算や戦力補強費などはホークスタウン社が球団に事前、事後の協議を求める。意見が食い違っても最終決定は球団に委ねると協約遵守の姿勢は鮮明だが、球団の自由意志は事実上封じられた。

「ダイエーの高塚猛社長は６日、３月末で福岡ドームを買収する米投資会社コロニー・キャピタルが同球場の入場券販売業務を引き継ぐとともに従来より６億円上乗せした38億円の入場券代金を球団に支払う意向を示していることを明らかにした。コロニーによる球団財政支援策。高塚社長は『ありがたい。野球（球団）についてはコロニー側が口出ししないことも確認した』と語った」（「朝日」２月７日）

　コロニーの手厚い支援策を語ったこの日、高塚は宮崎のキャンプ地を訪れて「今年は無理だが、球場の命名権を売却するつもりだ。福岡とドームの間に企業名を入れたい。年間５億円、２年契約を考えている」と語った。

高塚は球場の命名権に関心を示す3社の名前を明かし、ほかにも数社が希望しているが入札はせず、コロニーのイメージに合う会社を選ぶと語った。球場の命名権はヤフーがオリックスの本拠地につけた先例もあり、球団の命名権よりは簡単にクリアできる話だ。

しかしながら、高塚が名前を挙げた2社は「聞いたことがない」、残る1社も「わからない」と回答を避けた。コロニーの駐日代表・増井利夫は「相談を受けたことも命名権を売る考えも全くない。福岡市民を裏切る話だ」と完全否定した。

球団運営方針で年初から対立したホークスタウン社長の高塚を、コロニーは9月末に解任した。増井は地元経済誌「財界九州」（04年11月号）で理由を明らかにした。

03年末にダイエーとコロニーが基本契約を結んだ時点で、

「与えられた資料は（03年）8月末まで、3月決算は（04年）6月末に示され、（コロニー側へ経営権が移った）4月以降の数字は毎月求めたがそれも拒否された」

「（経営権が移る前に）財務、経理部門担当者が大幅に動かされ何らかの意図を感じる」

「コンピューターの中に集客に最も必要な顧客データが全くない。それがシステムの不備なのか、意図的なものかはわからないが、不可解だ」

「コロニーが来たら首を切られるぞと社員に言い、野球のチケットを売るなと2月に指示していた。こうした反コロニー的言動で、信頼していた彼に裏切られた」

「（高塚に）独断専行という言葉が適切か分からないがそれに近い。会社の実態は想像した以上に歪んでいた」

「今期（04年）４月から赤字と分かった。そこで（高塚の）短、中、長期ビジョンを聞くと『営業に頑張らせる』『最後は数字を合わせる』という程度だった」

最後は数字を合わせる。この言葉が、６億円上積みの発言やその算定根拠となった「過去３年間の平均入場料60億円」という架空の数字の〝タネ明かし〟かもしれない。

ダイエーが球団を保有したまま球場、ホテルを外資へ売却する方針を固めた03年秋、「このままでは球団が球場・ホテルを買う外資に従属しかねない」と懸念した渡邉が各オーナーへ書簡を送り、危機感を共有した。今回のコロニーと球団の契約が明らかになれば、協約違反の可能性が厳しく論議されるだろう。

しかし「球団及びＨＴ（ホークスタウン）社は本契約の交渉過程、存在、条件、内容の第三者への開示、公表は別途合意を得るまでは一切行わない」（31条）という守秘義務があり、ダイエー本社と球団の運命はＮＰＢ、産業再生機構が知らないうちに、外資に握られた。

堤が西武会長を辞任、混乱拡大

難問を抱えたダイエーホークスと近鉄バファローズ。大揺れのパ・リーグで、西武オーナーの堤義明が４月14日、突然西武鉄道会長を辞任した。

西武鉄道の専務営業本部長や不動産部長らが、株主総会対策のため、総会屋グループに同社所有の神奈川県内の土地およそ６３００平方メートルを１億１２００万円で売り、８８００万円の利益を与えた疑いで３月１日に警視庁が摘発したことが発端だった。金融の自由化、国際化が90年代半ばに始まり、市場の公正さ、情報開示、法令遵守、企業統治の透明性が強く求められた。

総会屋への利益供与は最も強く批判される企業犯罪だった。

西武は専務を取締役へ降格、社長の戸田博之に減給20％の処分を科した。4月8日、社長を取締役へ降格、後任社長に元運輸官僚の小柳皓正《てるまさ》が就任した。小柳は記者会見で謝罪したが、堤は現れなかった。西武側は「取引は正当」と主張したが、同県の別の土地でも約1億円の利益供与をした疑いで前専務らが再逮捕され、事件は再拡大した。堤は14日に小柳とともに会見し、西武鉄道の会長職と取締役辞任を発表した。事件発覚からひと月半が過ぎていた。

堤は報道陣に頭を下げ、「公共事業としてあってはならない反社会的行為を犯した責任をとる」と語り、「気管支炎でずっと通院して声が出なくて今日になった」と釈明した。その気になれば、通院中でも謝罪の気持ちを文書にして会見へ出向き、頭を下げれば済む話だ。

遅すぎた会見を曖昧な理由で説明し、一片の謝罪で済ませた堤は「鉄道事業は社長に任せっきりだった。私個人が罪を犯したわけではない。グループ全体の経営に私はまだ必要だ」とコクド会長職、西武球団オーナー、ＪＯＣ名誉会長続行を明言した。

「アタマを使うのは俺一人でいい」と豪語する堤だ。総理の田中角栄と会い「話して、自分より頭がいいと思う人はそういないが、あの人にだけはかなわない」（「週刊現代」82年1月5・9日号）と臆面もなく語ったこともある。その発言は、毒舌で知られる政治評論家藤原弘達との対談で飛び出した。堤の唱える観光業振興策などは「観念性、抽象性がなく思考形態が田中角栄と同じ」と藤原に持ち上げられた堤が「あの人は大変頭がいい」「とても気が合います」と角栄を礼賛した際のものだ。「グループ全体に私が必要」と堤が言う理由も、この過剰ともいえる自信にあった。

作家の高杉良は堤の辞任を「当然だが遅きに失した。総会屋への利益供与は、何か知られたくない恥部や暗部があると推察される。危機管理ができていない」と語った。

西武鉄道グループは、非上場の「コクド」（資本金1億５００万円）が東証一部上場企業の西武鉄道株式の45％、西武ライオンズ、プリンスホテルの全株を保有、西武建設にはコクドと西武鉄道が50％出資するなど複雑な形態をさまざまな決算対策に利用した。鉄道の完全子会社に不良資産が出れば一時的にコクドの子会社に移管して西武鉄道の連結決算の対象から切り離すような操作を行い、しばしば不透明性を指摘されてきた。

それでも堤は実業、スポーツ界で数々の要職に就き、混乱が続くパではオリックスの宮内義彦と並ぶ存在感あるオーナーだった。

先の日本ハムの札幌進出の際に〝異〟を唱え決定を一時先送りさせたのも堤だった。

02年3月20日、日本ハム球団社長の小嶋が「04年から札幌へ移りたい」とコミッショナーの川島へ報告し、記者会見で公表した。地元とは調整が進んでおり、球界の審議待ちだった。プロ球界は日本ハムの札幌進出で、北海道から福岡までの日本を縦断する本拠地網が完成、さらに首都圏6球団の過密が解消されるとして歓迎ムードが高まった。札幌市も本拠地としての活用を強く望んでいた。

しかし、西武が反対した。札幌ドーム開業前の２０００年5月、当時の西武球団社長の小野賢二は「堤は20試合程度をやる考え」と札幌準本拠地案を口にしていた。スキー場やゴルフ場などで北海道経済に大きな影響がある堤の意向は無視できない。球界も結局、堤と札幌市長・桂信雄の会談まで審議を先送りした。02年6月17日、両者の会談で堤は改めて日ハムの本拠地案に反対、桂は「市の希望は本拠地球団」と譲らず、最後は堤が「市の意向を理解した。気持ちよく身を引きたい」と答え、日ハムの札幌進出が決まった。堤の意向がプロ球団の本拠地移転にまで影響したのである。

堤に迫るもう1つの危機

そのころ西武グループは、総会屋への利益供与とは全く別の危機にも見舞われていた。コクドが大量保有する西武鉄道株に多数の名義株が含まれていたことが社内調査で判明し、高杉が懸念した通りに「知られたくない恥部や暗部」が明るみに出たのである。

名義株とは、株式の実質的な所有者と会社の株式名簿に記載されている株主とが一致しない株式のことだ。04年5月25日、コクド専務らが前年3月から調査を続けてきた名義株の調査結果を堤へ報告した。報告内容は主に次の3点だった。

①コクドが西武鉄道の名義株を大量に持ち、上位10名までの大株主が持つ株の比率は東証の上場廃止基準（80％）を超える

②西武鉄道の上場が廃止され、法人西武鉄道と代表取締役に刑事罰が科される

③株券ペーパーレス化が実施される前に名義株をすべて売却すべきである

「上場廃止になれば株主から責任を追及されグループの信用は失墜する。金融機関の取引が停止され事業の存続が危うい。早く名義株を解消する必要がある」と専務は上場廃止と事業存続の危機、さらには刑事罰までを持ちだし、堤に名義株の早期売却を迫った。

西武鉄道は前日の24日発表の04年3月期連結決算で85億円の赤字となり、総会屋事件を教訓に

「コンプライアンスマニュアル」を社内に配るなど、企業倫理対策に取り組む姿勢を鮮明にした。新社長小柳が「社会の信頼を得る。不祥事を二度と起こさない」と力説した。

名義株の発覚はその翌日であり、いわば最悪のタイミングである。

「有力な会社に持ってもらえないかな。持ち合いができればいいな。いざとなったら俺が頼んでもいい」「今は株価が安い。選挙が終われば１５００円以上になるかも知れないからそこから売ればいいじゃないか」

堤は名義株の解消を７月の参院選後へ先延ばしするように指示した。コクド専務から小柳に指示内容が伝わり、虚偽の内容を記した有価証券報告書が６月29日に関東財務局へ提出された。西武鉄道の危機は拡大の局面へ入った。

８月20日、西武鉄道の取締役会で監査役が名義株問題で有価証券報告書へ虚偽記載があると報告した。コクド、西武鉄道両社の少数幹部が共有した極秘事項がついに公の場で明かされたのである。

小柳らは先に提出した有価証券報告書の早期訂正などで一致し、対応をコクドへ一任した。コクドが保有する西武鉄道株は、名義株を含めると10位までの特定少数株主の持ち株数は20％近く増えて88・７５％に達する。その解消策として、①上場基準80％のオーバー分８・７５％を９月末日までに売却する、②購入先には虚偽記載の事実を伏せ、単にコクドの西武鉄道株比率を下げることを理由とする、などの方針が決まり、コクド専務が26日、堤に方針を伝えた。

「そうするしかないだろうな。安定株主として株を持ってもらえないか。宜しければお宅の株も持たせていただきます」と堤は自分でセールストークを説明した。専務は「事務上のミスでコクドの株保有率が上がってしまった。西武鉄道を開かれた会社にしたい」などとトークの補強案を示し9月末日までにコクド保有の西武鉄道株４０００万株を売却する大方針が決まった。実際に堤も大手企業の社長と直接面談し株を処分した。

球界が揺らぐ大騒動の引き金となった堤の「もう1組の合併話進行中」は当時、コクド、西武鉄道内で密かに社内協議を進めていた名義株問題とは全く無関係だろうか。

なお、5月25日と8月20日の堤の発言内容は、冒頭陳述、判決文から要旨を引用した。

近鉄、合併交渉を認め緊急会見

２００４年6月13日早朝、ＮＰＢ、プロ野球担当記者は激震に襲われた。日経朝刊1面を「近鉄球団　オリックスに譲渡交渉　球界再編の可能性」と5段見出しの特ダネが飾っていた。

「近鉄本社が球団をオリックスへ譲渡する方向で交渉を進めているもよう」

「譲渡が成立すれば球界再編に発展する可能性もある」

記事は慎重な表現に終始しているが、譲渡成立の場合は12球団2リーグ体制から「１リーグ制の議論に発展する可能性があり、予断を許さない」とした。

長嶋茂雄が巨人へ入団した１９５８年以来、47年間続く2リーグ6・6が揺らぐ恐れがある。

この日は新聞休刊日で一般紙は夕刊と翌日朝刊もないが、近鉄の取材対応は素早かった。

午後2時、近鉄本社社長の山口昌紀と球団社長の小林哲也が系列ホテルで記者会見した。

山口は「鉄道という公益事業者が回収見込みもないものに経営資源を投入し続けるのは無理がある」、「野球ビジネスは大変な苦境にある。宮内さんから4月後半にある意向を伝えられ、ゴールデンウィーク明けに会って話をした。お互いに球団経営が苦しく、一本化することになった」と水面下の経過を淡々と語った。

合併を選んだ理由を「選択肢として合併は一番実現性が高い」と答えた。これは既存球団を買収する買い手は買収費のほかに30億円の加盟料支払いも必要なことを指している。近鉄とオリックスは、加盟料の支払いは「撤退する球団から退去料を取ることだ」とかねてから反対していた。宮内、山口の間でも加盟料が不要となる可能性が強い合併を前提にして話を進めた。

山口は、球団を手放す際に重要なことは撤退方法にあると考えていた。売却は買い手に30億円の加盟料支払い義務が生じる。長期不況が続く経済情勢のもとで売却は困難だが、合併は売買でも新規加盟でもない。したがって加盟料は生じまい――山口はそう判断した。

オリックスの球団財政も火の車だった。

88年秋に阪急ブレーブスを電撃買収したオリックスは91年、西宮球場からグリーンスタジアム神戸へ移転した。阪神・淡路大震災の95年は、宮内が「いまこそ野球で市民へ希望を」と厳命、「がんばろうＫＯＢＥ」をユニホームへつけて劇的なパ初優勝、翌96年は巨人を破り初の日本一に輝いた。この年の観客は１８０万人、イチローがメジャーへ去った２００１年は１０７万人まで落ち込んだ。

ファームで最初のチーム命名権、観客席を選手の目線と合わせた「フィールド・シート」、球場名の命名権を販売し「Ｙａｈｏｏ！ＢＢスタジアム」とするなど様々な増収策もむなしく赤字幅は毎年増えた。「20億円まで」覚悟の赤字が30億円を超えて限界に達していた。

経営不振打開のための窮余の合併構想をパ会長の小池は「８日に聞いた。５球団でも２リーグ維持へ頑張っていきたい」、「（1リーグ制は）仮定の話だ。2リーグとして切磋琢磨しながらやるのが望まれる姿」と2リーグ制維持に意欲を見せたが打開策があるわけではなかった。

宮内義彦「近鉄いただきます」

山口と宮内のゴールデンウィーク明けの密談はいつ、どこで行われたのか。

オリックスの本社は東京・港区の高層ビル、世界貿易センタービルにある。

近鉄関係者によると、山口は連休明けの5月10日、貿易センタービルに宮内を訪ねた。

毎年赤字を出す球団は手放したいが、手放した先のオリックス球団の経営が好転する保証もない。そこで期間を限定した数年間は定額補塡を考えていた。

「経営資源を球団へ投じることを来季から辞める。赤字分は応分の負担をすることをこの際、宮内氏へはっきり伝え、あとは先方の出方を待とう。失敗したら辞めればよい」と山口は覚悟した。

腹案を伝えるため、山口はオリックスの役員室への直通エレベーターに乗った。誰もいない会長室で2人は向かいあった。宮内が口火を切った。

「同じ関西でお互い球団経営に苦労しますね。何か球団同士で協力できないかと……」

山口は自著に当日の模様を記している。引用する。

「宮内さんとの話し合いで、私は『バファローズ』という名前だけは残してほしいと要望し、球団事業の譲渡を申し入れた。これに対して宮内さんは『相談する』との返事だった。

私は『相談するとなると情報が漏れることも考えられる。もし漏れたら大変なことになるので、イエスかノーか、この場で決めてほしい』と宮内さんに強くお願いしたところ、『分かった。い

ただきます』と答えていただいた」（『奈良に育まれ　電車にのって　青山をみる』奈良日日新聞社、2015年）

山口も宮内もプロ野球の将来を左右する大問題に、短時間で思い切った決断を下したものだ。日本の野球史の大きな節目を、合併構想表面化後の7月2日、山口が自宅で週刊文春の記者に明らかにした。

「6月に入ってからかなあ、5月の末頃やったかなあ。宮内さんから『渡邉会長から積極的な了解を得た』、『渡邉オーナーの全面的支援、肯定的意見を賜った』と。そういう連絡がありました」

同誌は山口発言を「すべては巨人軍・渡邉オーナーのOKから始まった」「近鉄・山口社長合併『密約告白』」とセンセーショナルな見出しで伝えた。

ゴールデンウィーク明けの宮内との会談のあと、宮内が会談内容を渡邉へ伝え了解を得た。5月末か6月初めに渡邉の賛意を山口へ連絡した――と一連の流れが鮮明になった。

山口と宮内が合意した5月10日は月曜だが、大阪ドームではそんなことを知る由もない両球団が午後6時から対戦した。月曜開催は「マンデー・パ・リーグ」と銘打って01年からパが独自に始めた。セパとも移動が原則の月曜の1試合ならば注目される苦肉の策だった。

近鉄4位、オリックス5位の試合でも1万3000人（近鉄発表）が集まり、合計11投手が登板、4時間32分の熱戦を展開し3対3で引き分けた。

5月25日、近鉄本社は04年3月期の連結決算で連結黒字165億円となり3期ぶりの復配を発表した。グループの総売り上げは1兆3000億円と微減したが、運輸部門の人件費削減や、マンション、航空貨物部門が好調で利益を押しあげた。5期ぶりの黒字に、経理担当専務の岩田和弘は「球団が属すレジャー部門は全体で60億円の赤字、うち40億円が球団赤字」と正式に公表した。

　球団を今後どうするか。岩田は「そういうことも含め、聖域を設けず収支改善を図りたい。タブーはない」と語った。その後、「収支改善が目的であり、球団売却が優先ではない」、「可能性としてゼロではないということで、可能性は最も低い」と軌道修正した。

「聖域なし、タブーなし」は社長の山口が就任会見で語った言葉でもある。この時点で宮内と内々で合併合意にこぎつけていた山口から岩田に「球団赤字の公表はある程度可」とする指示が出ていたとみるべきだ。間近に迫る株主総会への地ならしのためだ。

　本社広報部は「従来からの考えを述べたに過ぎない」と冷静に対応した。

　本社常務・球団社長の小林は「40億は球団も認識している数字で、赤字を減らす方策を探っている。株主総会までに方策をまとめたかったが、少し時間がかかる」と微妙な対応をした。球団は果たして存続し得るのか。マスコミの取材が激しくなった。

　近鉄本社の球団経営方針を厳しく批判してきた渡邉は「選手も困るだろうし、ちゃんとした方がよい。選手の生活基盤を安定させるためにも早く退場した方がよい」と冷ややかに反応した。

　そして6月13日の日経による特ダネで、数年来くすぶり続けた近鉄問題が火を噴いたのだった。

「1リーグ10球団」の一斉報道

スポーツ紙は渡邉の退場発言などを念頭に、先の先を読んだ刺激的な報道に踏み切った。

◇「球界大改革、1リーグ10球団制へ」「近鉄オリックス合併で加速　もう2球団が1つに合併すれば、1リーグ制が現実味」「試合は総当り　シリーズは東西対抗」（日刊）

◇「来季1リーグ制　オリックス、近鉄合併」「監督仰木　本拠地大阪ドーム」（報知）

◇「球界再編、急加速　来季10球団1リーグ制へ」「近鉄オリックス合併」（スポニチ）

◇「激震　球界再編加速」「パ1球団減⇒来季1リーグ制を」（デイリー）

◇「近鉄・オリックス合併合意　1リーグ制再燃」（サンスポ）

日刊は「両リーグが並立・拮抗しながら運営されるかといえば答えはＮＯだ」「球団削減はまだある、あくまでも今回の合併は序章に過ぎない」と書いた。

報知は「深刻な経営不振で身売りと隣り合わせの火薬庫、ダイエーに飛び火すれば球界再編の炎は一気に燃え上がる」とし「衝撃　次はダイエー？」「相手はロッテか」と伝えた。

休刊日明けの一般紙も14日の夕刊で近鉄の記者会見の模様を1面と社会面に書き分けて伝えた。1日半遅れても大きな扱いをしたことが合併問題の重大さを示している。

◇「近鉄・オリックス合併合意」「1リーグ制に現実味」「10チームに再編の声も」（朝日）

◇「近鉄・オリックス球団合併合意」「来季から1リーグ制に現実味」（毎日）

◇「オリックス・近鉄球団合併」「今季終了後で合意」「1リーグ制へ移行焦点」（日経）

◇「近鉄・オリックス合併合意」「1リーグ論再燃も」（中日）

◇「近鉄とオリックス　球団合併交渉で合意」「球界再編の可能性も」（読売）

一般紙は当時の球界が置かれた状況や「1リーグ」へ向かう必然性を分析した。内容は客観的、論理的で以後の騒動を考える重要な指標となるので要点を紹介しておく。

朝日は「合併が実現すれば1リーグ制への再編が一気に現実味を帯びる」「球界内ではもう一組の合併が具体的球団名を伴って語られ始めている」と指摘した。

毎日は近鉄小林の「オーナー会議議長の渡邉さんが1リーグ制を加速させるような話をだめとは言わないだろう」との発言を前提に「巨人戦が減る1リーグ制はセ球団の反対があり、実現するためには8から10球団程度が適正と予想される、最低あと1球団の〝退場〟が必要」「1球団削減の動きが経営の苦しい球団の背中を押すことにもなる」と球界が置かれた状況を分析した。

日経も5球団ではパの運営が困難であり「合併問題がセパ両リーグを統合する1リーグ制の議論に絡んで扱われるのは必至」と見通しを示した。

球団を持つ中日は「赤字解消へ最後の手」「ダイエーも波乱要因」の見出しで「合併により2リーグ制は有名無実化する。加えてダイエーの球団経営も厳しくパが4球団になれば、1リーグ制は一気に現実味を帯びる」、読売も5球団ではリーグ運営が難しく「1リーグ制実施も含めた球界再編へ発展する可能性」と伝えた。

スポーツ紙、一般紙の計10紙中で読売を除く9紙が「合併合意」「1リーグ制」を見出しにとり、読売は「合併の交渉」に入ることの「合意」と一歩手前にとどめた。

見出しや記事で各紙に多少の違いはあるが、各紙担当記者が日ごろの知見から、合併で球団減少後の球界は「10球団1リーグ」が視野に入ると客観的に分析した。球団減を正面から懸念した記事はなかった。これが当時の記者や野球界の共通認識だったのである。

「白馬の騎士だ。監督は君が選べ」

6月14日朝、ロッテ球団代表の瀬戸山隆三は本社副社長兼球団社長・濱本英輔から呼び出された。西新宿の本社12階の副社長室にはオーナー代行の重光昭夫もいた。

濱本は瀬戸山に語りかけた。

「昨日の新聞は読みましたね。今、パはどの球団も大変です。手放すところがあと1つある。分かりますね。ダイエーです。われわれは白馬の騎士となってパを、いや日本球界を救おうと考えている。ロッテ球団の利害は関係なく、いま一度球界を元気にしたい」

「両球団が一緒になる。選手が余ります。まず70人、次いで80人、90人。3通りの選手数を考えてそれぞれどの選手が不要か。あなたが至急選別して案を作って欲しい」

「ダイエーの王監督とロッテのバレンタイン監督のどちらを選ぶか。すべてを瀬戸山君に任せるから大至急で原案を2～3通り作ってください」

「本拠地は千葉と福岡のダブルフランチャイズを目指すつもりです」

要するにロッテ、ダイエーが合併してパが4球団となり、セ・リーグと協力して「10球団・1リーグ」制にするという話である。

元国税庁長官の濱本は仕事熱心な球団社長だった。熱弁をふるう濱本に瀬戸山が答えた。

「選手を選別するには監督やコーチから見た選手の将来性の判断も必要です。若い選手の力量は2軍指導部の意見が必要ですが、そんなことに動けば公式戦に波風が立つ。ダイエーの顔なじみのコーチ、スカウトにまで辛い思いをさせる。それはできません」

啖呵も切った。

「話が違います。福岡の辛子明太子の名店の役員の名刺も作ったのをお断りしてフロントへ入って3か月です。ご指示ならやらないでもありませんが、私が積み重ねたことは全く無駄でした。そのために私を呼んだのであれば、荷物をまとめて福岡へ帰ります」

　そう言って瀬戸山は立ち上がった。重光はその言葉にうなずくでもなく無言を貫いた。

　瀬戸山はダイエーが南海ホークスを買収した当時、先遣隊として水面下で動き、のちにホークスの代表、球団本部長として活躍した。球界の寝業師の異名がある根本陸夫の指示を受けた瀬戸山が、1年間密かに王貞治と定期的に会い、監督就任の道のりを築いた。王のもとでチームは生まれ変わり優勝3回、日本一も2回奪った。しかし瀬戸山は球団社長の高塚の独善的な球団運営に反発、2度目の日本一となった03年暮れに退団した。

　ロッテ総帥の重光武雄が「球団の赤字40億を半分にしたい」「ダイエーのように入場者を増やすため力を貸して欲しい」と直接口説き、瀬戸山は04年3月1日付けでロッテ球団代表に就任した。ダイエーでの体験から球団のロイヤリティを地元のデパートや商店街に無料開放し、ロッテが勝てば商品の割引をする「勝ったら企画」、開幕時に売れ残ったシーズンシートはプレーオフ進出時の観戦を保証するドリームシートとして発売した。

　濱本も「プロ野球をもう一度元気にする」と先頭に立ち、スポーツビジネスを学び出した。「白馬の騎士」発言はこうして歯車が順調に回り出した直後のことだ。

　立ちあがった瀬戸山を濱本は懸命に引き留めた。

「冷静になってくれないか。こんな大仕事はあなたしかできないから頼んでいる」

　押し問答の末、瀬戸山は「ケムにまかれた感じで」球団に踏みとどまった。

間もなくダイエーの高塚から電話があった。「瀬戸やん、しばらく。元気ですか。いろいろごたごたしていますね」。喧嘩別れはしたが「勝ったら企画」やロイヤリティ無料開放は高塚に学んだ。瀬戸山は「勉強させてもらったことを千葉で生かしています。感謝しています」と型通りの挨拶をした。久しぶりの会話だった。

「ダイエーは球団の継続保有を主張しているが、現実は厳しい。万一の場合でも球団は福岡へ残したい。賛同する福岡の財界人を集め、多くの支持がある。そこでロッテと一緒にやれないか、考えている。球団は福岡へ残る。オーナーはロッテが出す。オーナー代行に私が就任する。この案を至急、球団社長や本社幹部へ伝えて欲しい」

高塚は球団社長を退任、オーナー代行だけを務めている時だが、球団の全権を握っているような意気軒昂な様子がうかがえた。

ダイエーホークスは6月17日、ロッテ球団との連携強化策を発表した。

「ダイエー本社の首都圏にある店舗の営業に協力するため、千葉マリン球場のロッテ・ダイエー戦の入場券を買い入れる」という。これも高塚のロッテ懐柔策の一つなのか。

瀬戸山は高塚の電話を濱本へ報告した。濱本は満足そうだった。瀬戸山は「上層部が判断されることですが、念のため申し上げます。高塚氏の代行就任だけは駄目です。球団が白馬の騎士どころか、ガタガタになります」と付帯意見を述べた。

「かなり前に合併の匂いをかいでいた」

ロッテの瀬戸山が濱本に呼び出され、ダイエーとの合併について切り出された6月14日、コミッショナーの根来泰周も取材に応じて合併問題を語った。

「かなり前に合併の匂いをかいでいた。セパ2リーグ制が発足した直後に7球団のリーグ戦もあった。知恵を出せば5球団でもできないか。早く結論を出さないと選手が動揺する」と強調し、急速に高まる「1リーグ論」の火消しに走った。

根来は「これが前兆であとに本震が来るのか。それともこれが本震であとは余震か。それが分からない」と先行きの不透明さを示した。小池が言う「8日」よりもかなり前に根来は水面下で進む近鉄・オリックスの合併計画を知り、合併による構造変化に頭を痛めていた。事務局長として根来を支えた長谷川一雄は述懐する。

「発表よりかなり前だった。読売の渡邉さんが主宰する各社の政治部長ＯＢ会にゲストで根来さんが招かれた際に聞いてきた。どうも近鉄が身売りではなくオリックスと合併するらしい。そのうち忙しくなるね、と。しばらくして『いよいよ出るらしい。本来ならばパが対応する問題だが、どうやらあとの処理はこっちへ丸投げするらしい。大変なことになるなあ』と言っていた」

長谷川は日経がスクープする3日前の10日、ＮＰＢが進めていた球場からの暴力団排除運動を推進するため大阪へ向かい府知事と面談、その日に帰京した。往復の車中では、新潟県三条市に住む重篤の父親の快癒を祈り、合併問題が発覚しないように念じた。この間に父親の病状や合併問題に急な変化がなくほっとした記憶がある。

長谷川の話からは10日以前には根来が「合併問題丸投げ」の2度目の近鉄情報に接したことになる。したがって10日よりも相当前に根来は両球団の合併・統合の第1報を聞いたと考えて良い。長谷川は合併表面化を13日、三条市で知った。父親が12日に旅立ったためだ。

合併問題で「ほっとした」体験は元中日球団代表の伊藤修も同じである。２０００年から急速に先鋭化した選手会に伊藤は忍耐強い交渉力と包容力で接し、難局を切り抜けてきた。中日代表を退いた後の03年2月、川島に退任あいさつした際に「選手会との交渉はますます大変だ。伊藤さんならわかるだろ。ここは身を捨てて野球界のために立ちあがってくれないか」と口説かれた。

川島は「事務局からは金を出せない。金がない。私が（中日オーナーの）白井さんと話をする」と語った。間もなく、伊藤は「中日球団参与」の肩書を与えられ「実行委員会選手会担当顧問」として「選手関係委員会委員長」瀬戸山とともに再び選手会との矢面に立つことになる。

伊藤は元新聞記者で、6度の五輪取材経験がある。自著『スポーツは地球を回る』（早稲田大学出版部、１９８５年）で「選手たちの情熱と闘魂、さらにひたむきさがときに人生の真実と重なり合う。あるいはレースが人生であり、人生がひとつのレースである」と述べている。

選手会との交渉も人生のレースのように向き合い、選手たちと包容力をもって向き合った。是は是、非は非とする伊藤に選手会事務局長の松原も信頼を寄せた。自宅が近いことから、伊藤は早朝に松原と落ち合い、選手会運営の困難さを訴える松原の苦しみに耳を傾けた。

ある日、川島から伊藤に電話があった。時期の記憶はない。

「どうやら近鉄とオリックスが合併するらしい。苦労かけるが尽力を」との趣旨だった。

「それを中日が抜けば疑われるのは私だ。一日でも早くどこかが書いてほしいと、じりじりしていたら日経が書いてほっとした」。伊藤の思いは五輪取材などで特ダネ合戦の渦中に身をおいた記者らしいものだ。しかし、それは一瞬の安らぎにすぎなかった。

第4章　もう1組合併進行中

球界は百家争鳴

近鉄が記者会見した6月13日夕、阪神オーナー久万俊二郎は、神戸市の自宅前で、合併成立なら5球団となるパについて「リーグが存続できないなら仕方がない。へんてこりんなことは困るが、パが（1リーグ制の）意思表示をすれば検討する用意はあります。10球団が許容範囲、8球団が理想です」（サンスポ）と語った。

久万は「観客数に見合う球団数」が持論で、12球団はファン層に比べ多いと感じていた。

報知、日刊、毎日などは「同じ電鉄会社の近鉄が苦慮の末に合併を決断したことは理解できる。5球団ではリーグ運営が困難な問題も出るだろうが、今後は球界全体で話し合う必要がある」という趣旨の談話を掲載しており、サンスポの踏み込んだ記事が光った。

巨人軍オーナー渡邉恒雄は「今後は両球団、コミッショナーの意見を聞きたい。7月のオーナー会議で議長として各オーナーの意見を聞き、コミッショナーに協約の解釈、必要なら改正も含めてまとめてもらいたい」と球団を通じてコメントした。14日も「議長だからオーナー会議前に、個人的な賛否は言えん。ただ、野球協約の合併条項は不備だ」と慎重に対応した。

対照的にオリックスオーナーの宮内義彦は連日の単独インタビューに応じた。

「プロ野球人気をもう一度燃え立たせる。まずチーム数を身の丈に合わせる」（「日経」14日夕刊）

「1球団ではなく球界全体で球界活性化を考えねばならない。再編も方策の一つ、米国も交流試合などでどんどん変わり観客増につながった。日本もそういう時期だ」（「読売」16日）

「2リーグ後に変化がなくファンの気持ち（不満）がマグマのようにたまった。ファンの支持がなければ株主に叱られる。球団は趣味ではない。ビジネス効果が必要だ」（「毎日」17日）

「チーム数を身の丈に合わせる」は、阪神久万の「観客数に見合う球団数」と重なる。

中日オーナー・白井文吾は「2球団が合併を協議している段階でありコメントできない。静観する」、横浜、広島も同じような発言が続く中、ヤクルトは「今の球界の状況から（合併は）理解できる。これだけでなく（合併などが）加速するかもしれない。うちは続ける」と明言した。

阪神球団社長の野崎勝義は「2リーグ制はプロ野球の大事な制度だ。球団が減れば野球界を支えるすそ野も狭くなる。球団減は避けるべきだ」と語った。

ダイエーは球団担当の本社常務・土谷忠彦が「球団を持ち続ける方針は不変」、西武の代表・星野好男は「両球団からの説明もなくコメントできない。まずパの理事会で説明を聞いてオーナーへ報告、以降のことはそこで判断する」と語った。

パ会長の小池唯夫は「パとしては2リーグで切磋琢磨することが望ましい。緊急理事会で各球団の議論や意見を聞く」とパの自主独立路線を強調した。

球団合併は多数の選手の生活に影響する。選手会長・古田敦也は「選手は不安を感じているだろうから一日も早く身分保障を説明してほしい。球団をただ減らせばいいという話ではない。親会社の経営が苦しくて売りたいと思っても門戸が閉ざされている」と新規加盟料を問題視した。

17日のパ緊急理事会は、両球団からはみ出す70人程度の選手の扱い、合併球団への加入選手をどんな手順で選ぶかなどについての意見表明が期待されたが、両球団が合併協議に入ることを大筋承認しただけで終わった。5球団でのリーグ運営を西武は「セにも考えてもらいたい」、ロッテは「5でもやるつもりだ」と感想を述べた。合併する両球団は「大阪、兵庫のダブル本拠地」、「加盟料免除」、「両球団選手の優先確保」の3点を要望した。

加盟料への見解は球団ごとに差異がある。ダブル本拠地は球団に保証された「地域権」を侵しかねない。選手の優先確保は各球団の利害に直結する。そのためすべては実行委、オーナー会議へ委ねられた。根来は、パが方針をまとめて実行委へ諮ると期待したが裏切られた。

渡邉は「5球団でもダブルヘッダーなどで工夫すれば、何とかなるかも知れないが、それではパが可哀そうだ。勝手にしろというセのオーナーもいるがパがどうでもいい時代じゃない。私見だが今回の合併は加盟料の対象ではない」とパを擁護した。

小池は「パだけで決める問題ではない。球界全体の動きも予想されるので、連盟としては対応できるように努める」と語り、最初の自主独立論を方向転換した。

何も決めないパの緊急理事会を西日本新聞は「5球団運営言明できず　主体性放棄した議論」

と厳しい見出しをつけて、ファンの関心が大きい来季のパの運営をオーナー会議へ委ねたことによって「主体としてのパは消滅した」「5球団のリーグ存続を言明できなかったことは1リーグ受け入れと同義である」と断じた。

ダイエーの高塚猛は「パの球団構成が奇数はまずい。偶数になるよう早急に論議が必要だ。ロッテと合併のうわさがあるが１００％ない」、ロッテの瀬戸山隆三は、翌年ダイエーとの公式戦を開催予定である韓国の野球委員会を表敬訪問し、「日本の球界は今混乱しているが、公式戦をぜひ実現したい」と語った。

情報の集積地・読売新聞主筆室

パ緊急理事会の前日の16日、東京・大手町の読売新聞東京本社の主筆室を近鉄本社社長の山口昌紀、球団社長の小林哲也が訪ねた。オリックスとの合併計画に渡邉の理解を得るためである。「球界撤退のキーマンはナベツネさん」と以前に語った山口は、宮内から「渡邉さんの理解を得た」と電話をもらったあと渡邉と会う機会を待ち望んでいた。

初対面は実現したが渡邉の秘書から「時間は5分」と制限されたため、挨拶を早口ですませて球団譲渡の件を報告した。その様子に渡邉は「なぜそんなに急ぐのか」と訝った。山口が秘書とのやりとりを説明すると渡邉は「この後もずっと空いている」と答えた。合併構想には「分かった」と即答し、自分が描く球界の将来の構想を雄弁に語り出した。

プロ野球は1リーグ制を目指すべきだ。台湾、韓国、中国とアジアのチャンピオンを決める試合をやる。最後はアメリカとワールドシリーズを戦いたい。日本のプロ野球は10チームとし、フランチャイズも九州、四国など地域制に拡大すべきではないか。これらの構想は他球団トップとも話し合っている、などである。

その後に山口は根来を訪ねていきさつを説明、根来は「協約上クリアすべき問題が多い。お互い協力してきっちり解決しよう」と注文した。

本社へ戻った山口は「合併は理解してもらった」「渡邉さんの部屋は書籍の山、まるで学者の研究室だ」「葉巻の匂いが立ち込めていた」「自分をさらけ出して話す人だ」と部下に語った。

読売新聞東京本社の主筆室は5階（建て替え前）にあった。扉を開けると奥まった正面に渡邉が執務する大型の机。その奥と左右の本棚には書籍がぎっしり詰まり、机の前に応接セット。長い横長のテーブルには数本のパイプが無造作に転がっていた。ここで渡邉は面談に応じた。

渡邉は政財官界のほか、山口ら球界要人の訪問もセパを問わずに受け入れた。情報の収集にもなり、自身の考えを直接伝える場でもあるからだ。多くの球界関係者が大手町へ出向き、あるいは直接電話で意見交換した。5月から7月にかけて球界関係者が激しく出入りした。渡邉は会話の内容をグループ本社社長の内山斉《ひとし》や東京本社社長の滝鼻卓雄らごく限られた幹部と食事をする際などにそれとなく伝えた。緊急時に一から説明するよりは情報を共有した方がより効率的に対応できるからだ。

渡邉から球界要人の動きを説明された幹部は、走り書きのメモを手帳に残していた。

ロッテ球団社長の濱本英輔は6月6日、横浜球団オーナー砂原幸雄は8日に渡邉を訪ねた。濱本は22日にもオーナー代行の重光昭夫とともに渡邉と会い「ダイエーから合併を申し込んだ形にならないか」と〝陳情〟した。その後も濱本は瀬戸山を伴うなど頻繁に顔を出した。

濱本は「白馬の騎士となってダイエーを救う」構想を渡邉にも語ったのだろうか。

ロッテ関係の話は続く。25日ごろ、西武・堤義明の最側近の西武オーナー代行山口弘毅《ひろよし》（プリンスホテル社長）は、堤が前総理・森喜朗の立ち会いで重光昭夫に「ダイエーとの合併」を強く説得したと伝えてきた。堤の直接指示がない限り、山口が独断で発信できない重要な内容だ。

「堤がダイエーの最大の債権者UFJ銀行頭取の沖原隆宗に会った」、「横浜球団の砂原が月末にも再び訪れた」など要人の動きが少数幹部のメモに残る。

濱本、重光の動き、「白馬の騎士」、前総理の前での堤・重光会談。本来ならばロッテ・ダイエー間で話し合われるべき問題に堤が介入した状況にも見える。ダイエー球団中内正が「共同オーナーを希望」、オリックス宮内が「何としても2つは減らさねば」と語ったメモも残る。

7月、ある幹部との要談中に渡邉へ電話がかかった。「今の電話は宮内さんだ」と渡邉は幹部に伝えた。宮内の朝日への寄稿が「明日出るか出たかという電話だった」と幹部は言う。「プロ野球　再活性化の三つの課題」の見出しで、9日付オピニオン欄「私の視点」に掲載された。

セ首脳の分析も渡邉は語った。

「中日の白井（文吾）さんは俺と一心同体だ」。白井は新聞協会の会合では隣の席に着くため、常に意見交換ができた。渡邉は中日球団代表から実行委員会選手会担当顧問へ転じた伊藤修にも「野球界が変わっていく中で、君のところと俺のところがしっかりしないと道を誤る。オーナーにも伝えて欲しい」と白井へのエールを心掛けた。その積み重ねが「一心同体」と言わせた。

阪神の久万からは「いつでも渡邉さんに同調する」とメッセージが届いた。久万は阪神タイガースが黒字が見込めるようになったのは「初めて日本一になった1985年ごろ」と打ち明けた。巨人も長嶋茂雄が入団した58年以降に球団経営がやっと安定した。長い苦闘の時代を過ごしたことを互いに理解して以来、2人はことあるごとに意見交換を続けてきた。

渡邉のもとには、こうした人脈を通じてさまざまな情報が日々、蓄積されていた。

合併構想が表面化した直後は静かだった渡邉の発言内容は、パの緊急理事会が実りないものに終わった6月17日からにわかに積極的、具体的に変わった。

「11で1リーグはできない。反対だ。セの利益を犠牲にしてまでパに奉仕できない。パなりの努力をしないと。たまたま1つ出たからあとはセで協力せよ、は無茶な話だ。失業者が出ないことが理想的。そのためには選手数が80人を超えてもいいじゃないか」

これは巨人軍幹部とホテルで会食後、わざわざ報道陣の前で立ち止まって述べた。

球団が合併や破産状態になっても、優秀な選手は一定ルールの下で他球団が確保をするが、残る「魅力が薄い」選手の救済は各球団の利害が錯綜し容易に調整がつかない。その〝受け皿〟として球団の選手保有枠の一時拡大規定がある。

25日は「1リーグは協約改正しないとできない。反対ならコミッショナーに解釈、指令、決定、裁定を一任するか。国連（NPB）が機能しなければ有志連合、新リーグだ」と一歩踏み込んだ。

「1か2か」セパ双方に募る怒り

6月21日に開かれた実行委員会も、先の緊急理事会と同様に両球団から合併による選手の配分や余剰選手の救済法は何一つ示されず、結局は加盟料の免除に合意しただけで終わった。

議長役のセ会長・豊蔵一が「大筋で合併の手続きを進めることを了解した」と述べたが、主にセから鬱憤をぶちまけるような反応が飛び出した。

◇合併球団が70人、選手を救済する他球団が75人は通らない（中日・伊藤一正）

◇選手が増えれば経営が圧迫される。今の選手の不利益を避けたい（横浜・山中正竹）

◇早急に合併の具体策開示を。選手の雇用で訴訟避ける対策が必要（広島・鈴木清明）

など、「選手救済措置」による支出増を懸念する声が続いた。

とどめは大阪の阪神電鉄本社で報告を受けた阪神の久万の怒りの発言である。

「選手の振り分けがあんまり不合理やったら蹴っ飛ばしますわ。70人いい人だけ選んで残りは面倒見ろでは困りますやん。財政難で選手を取れないチームだって出てくるかもしれません。取らなくとも罰則はないわけやから……」。久万は「80人枠」の問題点をズバリと指摘した。

同夜、報道陣に囲まれた渡邉は「合併球団が選手を何人プロテクトするかが問題だ。最大で28人、少なければ5人だ。5が少なければ28との中間か。最後はコミッショナーの判断だ」と語った。

プロテクト枠を渡邉が明言したことで球界幹部も考えをはっきり述べ出した。

日経は23日から「球界鳴動」と名付けてロッテ重光昭夫、阪神久万、日本ハム大社啓二《おおこそひろじ》のインタビューを3日連続掲載した。見出しと記事の概要は次の通り。

◇重光「5チームでは収入減」「1リーグ制異議なし」

5チームでもできると思っていたが、試合数減で入場料が2割減るほか、広告収入まで激減する。奇数球団は難しい。1リーグ制も異論はないが、球界再編に自ら動くつもりはない。

◇久万「8球団なら採算とれる」「本拠地拡大は平等に」

選手処遇で合併球団が一方的に有利な扱いを受けるのは反対だ。セパ10球団が払う何らかの犠牲を考えるべきだ。ファンの分布、市場規模を考えると採算がとれる1リーグ8球団が理想。10だと先が読みにくい。連結経営の時代、改善の見込めない分野からの撤退は当然で、同じ鉄道会社として近鉄の合併決断は理解できる。

◇大社「シリーズは最高の商品」「1リーグより交流戦」

選手は適正に他の球団へ分配する必要がある。（1リーグは）ファンに最も魅力があり経営側の最高商品の日本シリーズがなくなる。良い選択ではない。11球団でも交流試合などで面白さを提供すればいい。（新規参入は）本気ならば外資系も含め検討すべきだ。

こうした球界首脳の意見表明は、21日夜の「プロテクト枠28人」とする渡邉発言が呼び水になっていたが、その夜渡邉は別の意味深長な発言もした。

「6対5ならば1リーグは絶対にできない。10球団になれば阪神の久万さんも考えるだろう。オリックスと近鉄の合併問題は7月のオーナー会議後、9月に臨時オーナー会議を招集して最終判断する。そこで決まらなければ全部先送りだ」

5日前の16日、渡邉は野球協約改正には2、3年かかるとして「当面はオリックス・近鉄の合併問題、類似の問題の処理に絞ってやる」（サンスポ）と述べていた。今回の「全部先送り」と「類似の問題」を重ねると、渡邉は「もう1つの合併」のほかに「球団消滅」を示唆した可能性もある。その場合の措置を野球協約は次のように定める。

57条（連盟の応急措置）「この組織の秩序維持のため、応急措置として所属連盟がこれ等の選手、監督ならびにコーチの全員を一時保有することができる」「手当および給料は連盟が負担する」

57条の2（選手の救済措置）「契約解除された選手を可能な限り救済する」

57条は、連盟の保有期間を「30日以内」とし、連盟会長が期間内に球団を持つ希望者を探し、選手や職員との契約や雇用の斡旋を行う。57条の2は斡旋が失敗した場合などを含めて実行委員会とオーナー会議の議決で現行70人の保有選手を80人以内に増やすことができると〝受け皿〟を準備している。しかし阪神久万が指摘したように議決がなければ「可能な限り、80人以内」という罰則がない紳士協定である。

03年10月31日のオーナー会議にダイエー本社が「野球協約を遵守し球団経営を続ける」旨の確認書を提出し、球団存続を認められた際にも、渡邉は57条を念頭に「確認書を破れば球団資格喪失を含め審議する」と忠告した。

近鉄・オリックスの合併構想浮上で5球団となるパは経営難が進み、経営放棄も考えられる状況を渡邉が「類似の問題」と表現した可能性もある。

渡邉と宮内、ドームの密談

合併構想は渡邉・宮内会談で始まったと構想の表面化直後から伝えられたが、「いつ、どこで何を語ったか」は謎だった。大社の「2リーグ制」「外資も検討」の言質が、結果として03年10月に福岡ドームで行われた立ち話（第1章）が出発点だったという事実を思わぬ形であぶり出すことになる。

渡邉と宮内の動きは、最初にスポニチが「渡邉オーナーが〝青写真〟」（04年6月14日）と紹介した。同紙は開幕前後に読売東京本社に宮内がいた「目撃情報」があり、「合併プランについて宮内オーナーから相談を受けたと見るのが自然だろう」と報じた。

15日には毎日が「宮内・渡邉会談が『引き金』」として、長い間続いた両者の対立は「今年4月に終止符が打たれた。近鉄との合併の意思を（宮内が）最初に渡邉オーナーに伝えたと見られる」と報道。

日刊も同日「渡邉オーナーが宮内オーナーに歩み寄った」と見出しがついた記事でその〝根拠〟として「都内のある会合で顔を合わせた渡邉が宮内に『その後、近鉄との話はどこまで進んでいるのか？』と話していたようだった」とある人物が聞いたとした。

スポニチは編集局次長の宮内正英、日刊は編集委員・寺尾博和の署名原稿だった。宮内も寺尾と並び、幅広い人脈を球界内に築き、多くのスクープを連発した記者だ。深く食い込んだ取材先が語った話だろうが、時期、場所、内容など具体性を欠いた苦しい書き方になっている。

25日、日経が大社インタビューを掲載すると、日本ハムオーナー代行小嶋武士のもとには、各球団やコミッショナー、セパ事務局から大社の真意を確かめる電話が続いた。その中に、球界首脳からもたらされたトップシークレット級の重要情報があった。大社に真相を知らせ、パからこれ以上「2リーグ論」を広げさせたくないという思惑含みの電話である。

話は前年（03年）秋にさかのぼる。

10月31日、福岡市で開かれたオーナー会議の直後、福岡ドームで練習中の長嶋ジャパン激励のため、コミッショナー川島廣守、セパ両会長や渡邉、宮内ら数人のオーナー、代表も車や徒歩で福岡ドーム球場へ向かったことは第1章で紹介した。

ダイエー社長の高木邦夫が協約遵守の確認書を提出し、球団の存続を認めたオーナー会議で、宮内は高木が一片の書類を差し出しただけで直接の説明を避けたことに不快感を示し、渡邉がとりなした直後の両者の球場入りである。

福岡ドームへ向かう途中で、宮内が「親会社の経営が危ういダイエー球団の存続をなぜ支持したのか」と質問、渡邉が「日本一になった球団がどうかしたら、球界の信頼はがたがただ。近鉄がどうなるか。それを見極めることの方が大事ではないか」と強い口調で言い放った。小嶋へ電話した球界首脳は、たまたまこの会話を聞いていた。

2人は長嶋ら首脳部を激励した後も、球場のバッティングゲージ後方で長時間、立ち話を続けたと複数紙が報じた。親しくない2人の間で長い会話があったことは間違いない。

何が話し合われたのか。人の口に戸は立てられない。少なくとも03年11月半ばにはオリックス内部で立ち話の内容が伝わった。

「あらゆる手段を尽くして努力してきたが、パ全体で球団数に見合った観客数がどうしても獲得できない。汗をかいて球団を減らすように努力したい。結果が出れば1リーグ制実現にセ側の協力が得られないか」と宮内が渡邉へ持ち掛けた――こんな話が、球団社長の小泉隆司や球団幹部、球界のごく限られた一部へ水が染み出すように伝わり、密かに共有された。

情報の伝播時期を第2章末尾の表「球界要人の『1リーグ・再編』発言録」の9月10日のあとに加えると、その後の近鉄山口の「野球は芸者遊びじゃない」や札幌ドームの開幕戦での「1リーグ論」、川島と選手会担当顧問・伊藤修の会話が1つの流れとして自然に繋がる。

宮内が渡邉との関係を次のように述べたことがある。

「1つがぐっと動き出すと次も動く。やっと巨人がぐっと動き出した。そこで『一緒にやろう』と引きずり込む。喧嘩ばかりしている宮内が仲良くなったと言われるがそう簡単に変心しません。あの方が動いてくれない限り、球界再編はできませんからこれを逃すとほかに術がない」

朝日新聞社発行の「論座」（04年12月号）に掲載された10月15日のインタビューである。この中で「巨人を球界再編に引きずり込んだ」と明言したことは、福岡ドームの会話の信憑性を裏付ける〝傍証〟と言うべきだろう。

オーナー会議に耳目集まる

7月7日午後2時から、東京・帝国ホテル2階の「孔雀南の間」でオーナー会議が開かれた。普段はそれほど注目されないオーナー会議が、異常な関心を呼んでいた。

6月のパの緊急理事会や議決機関である実行委員会は、近鉄・オリックスの統合を大枠で承認はしたが、統合球団の選手獲得、はみ出す選手救済など核心部分が何も決められないまま、この日を迎えていた。

さらに、欠席続きの西武球団オーナーの堤義明が26年ぶりで会議へ出席し、その後は東京プリンスホテルで記者会見する、と球団が予告した。会議をさばく議長役の渡邉と堤はほぼ10年前の

93年春のドラフト改正、ＦＡ制度新設で共闘した過去がある。

加えて新興のＩＴ企業ライブドアの立て続けの動きが世間の耳目を集めていた。

第一はライブドア社長の堀江貴文が突然に「近鉄を買いたい」と名乗りを上げ、６月30日に東京証券取引所で記者会見したことである。

「プロ野球は公共財、ファンや国民のものだ。1リーグはプロ野球を縮小均衡へ向かわせてしまう。現預金が５１２億ある。ベンチャー企業として野球界を発展させたい」「渡邉オーナーらにぜひ会いたい」と近鉄買収を表明した。堀江は黒のＴシャツに白のチノパン姿。陪席した同社の最高財務責任者の宮内亮治は「28日に選手会顧問弁護士を通じ近鉄に買収の意志を伝えたが交渉がないまま近鉄の代理人に断られた」と説明した。

近鉄本社は「買収の申し出は断った」、堀江に名指しされた渡邉も「近鉄が断ったと言っている。もう終わった話だ」と話した。

ライブドア騒ぎは収まるかと見えたが、第二の波乱がすぐ起きた。６月14日に合併構想が明らかになると、選手会長の古田が「選手の身分保障」を求め、17日には「買い手は実際にいないか」「加盟料がなければどうか」などと訴えた。そこへ堀江が登場したことで古田は「買いたい会社があるのになぜ売らないと主張できる。非常にありがたい」と受け止めた。選手会は合併反対を唱えるカードを手にした。堀江の買収表明が化学反応を起こした。

第三の波乱は堀江の大阪ドームでの近鉄戦予告観戦である。７月４日朝、都内で民放テレビに生出演し「近鉄を買いたい」と語った堀江は羽田から大阪ドームへ直行した。予告観戦に「バファローズ存続を願う会」をはじめ多数のファンが球場に集結した。近鉄のユニホームをまとった堀江は１塁側スタンドで観戦したあと「救世主ホリエ」などのプラカードが林立した外野席へ向かい、テレビカメラがその姿を追った。

試合後に球場を出た堀江は、数分後に猛牛の角が描かれた赤のＴシャツ、近鉄の法被姿で再登場した。ファンから堀江コールを浴びるとメガホンで「ナベツネさんも宮内さんもここへ来たら合併なんて気持ちにならない」と絶叫した。この日を境に、各球場では「合併反対」「宮内さん１＋１＝ゼロ」「俺たちは選手とともに戦う」などのプラカードや横断幕が急増した。

堀江の動きに刺激されたのか、パでは１リーグ制実現を望む強硬発言が相次いだ。

７月１日のパ臨時理事会はライブドアの動きを黙殺、プロテクト28人案を決定した。理事会では「５球団では運営できないことが共通認識」（西武）などの声が相次ぎ、夜はロッテ総帥・オーナーの重光武雄が「単独保有は難しいかもしれない。他から打診されれば合併を検討する」、１リーグ制は「そうなるといいですね」と語った。

２日の12球団代表者会議では、パのプロテクト28人枠にセが反発し複数年契約を結ぶ選手やＦＡ権を取得する選手をどう扱うかを問い詰めた。オリックスの小泉が「これからの問題」と答え、セからは「無責任な言い方」と批判が出て紛糾、28人枠の承認も棚上げした。

ダイエーの中内正は「合併を持ちかけられれば考える。ウチからは動かない」と語り、６日に重光武雄がロッテ本社で再び１リーグに触れた。

「常識からすれば５球団は難しい。４にするのが一番いい。対等合併でもいい。１リーグも球界全体が良くなればいいが、我々からあせい、こうせいと言うつもりはない」

ダイエー、ロッテとも１リーグ制を容認、相手から合併を持ちかけられれば「話に乗る」が

「自ら動くことはない」と示し合わせたように発言したことになる。

こうして７月７日のオーナー会議は、堤のオーナー会議出席表明、近鉄買収を名乗り出たライブドア、セパ対立の先鋭化など、紛糾する要素が積み重なった末に開かれるのである。

「何かが起きる」——オーナー会議の会場は騒然としていた。

コミッショナー事務局は取材記者に自社腕章の着用、入り口で名刺の提出を求め、ホテル内の取材は会議後の記者会見に限ると異例の申し入れをした。ホテル前、周辺には新聞、テレビ、週刊誌の取材陣が４００人も集まり、やじ馬が好奇の目で眺めていた。午後２時前、渡邉と堤が何かを語りながら林立するテレビカメラの前を通り、最後に会場入りした。

会議場正面の長いテーブルの真ん中に議長の渡邉とコミッショナー根来、左右に両連盟会長が腰かけ、会長の前から前年の順位に従って各オーナーが並ぶ。正面と向かい合って連盟職員、顧問弁護士たちが前後２列に並ぶのがオーナー会議の長年の形式である。

ロッテの重光昭夫が２席離れた堤に歩み寄り、声を潜めて雑談した。互いの意見をオーナー同士がすり合わせるのもいつもの風景だったが、会議前の数分間の写真撮影では話し込む２人にカメラが集中した。２時少し前、会場から報道関係者が退出、分厚い扉が閉じられた。

「10球団1リーグもあり得る」

オーナー会議はいつも１時間強で終わるが、この日は違った。午後３時30分の段階で事務局が報道陣へ「もう少し時間がかかる」と説明し、結局午後５時近くまでかかった。

その後に開かれた記者会見では、議長役の渡邉とコミッショナー根来の両脇にオリックス宮内、近鉄オーナー田代和が着席した。その前の床に新聞、テレビ、雑誌のカメラマンが座し、後方正面にもカメラマンがひしめく。左右の壁際は記者たちで溢れかえる張りつめた空気の中で、渡邉が語りだした。

「オリックス・近鉄の合併を大筋で承認した」

「新球団の保護地域は3年間の時限措置とし、大阪と兵庫の2か所。阪神にも適用する」

「加盟料30億円は不要」

「野球協約の改正をコミッショナーへお願いした」

「代理人問題への対応を協議した」

「議案の処理を終えたところで西武の堤オーナーからもう1組の合併が進行中と重大な発言があった。各オーナーもびっくりされていた」

「本日の段階では具体的な話はなかった。我々も分からない」

「11球団ならば2リーグ、これははっきりしている。もうワンペアがない限り2リーグ」

「10球団なら1リーグという意見の方が多かった。将来、さらに整理、統合があるとしたら、とりあえず10球団1リーグということもあり得る。次のオーナー会議でまとまるようにしたい」

「新しい球団を否定する必要はない。オリックス・近鉄統合の先例に沿って対応する」

渡邉は記者の質問に〝私案〟も併せて答えた。

長い間棚上げされたセパ交流戦を「1リーグ制は完璧な交流戦だ。いろんなカードが実現し楽しみが増える。もっともオールスター、日本シリーズの問題は残るが」、プロアマ関係にも触れて「プロ野球の本拠地がない多数の府県にプロの拠点を作り、社会人野球と協力して新しい形の試合を行いたい」と語った。

選手会は合併構想が表面化して以来「ことが急に進みすぎる」「もっと時間をかけて論議すべきだ」と声を上げていた。その点を聞かれた渡邉が言い放った。

「１００年議論すれば十分と言うのですか。１年かける必要はない。２か月あれば十分。朝日新聞の論調に迎合するような方向に引きずられる必要は一つもない」

あまりの衝撃に会場は一瞬静まり返り、数人の記者が部屋を飛び出した。

５日に開かれた選手会と球界の「プロ野球協議・交渉委員会」で、選手会は「１年間は特別に近鉄の命名権を認め、その間に協議を重ねたい」と訴えていた。朝日は運動面に「選手会『１年延期を』」などの見出しで報道、その脇に「選手の提案聞き流しか」とする編集委員のコラムがあった。渡邉の念頭には、この記事があったかもしれない。

渡邉の会見から１時間遅れて堤が記者会見した。

「好きで球団を減らすわけではない。パが５でやってまたどこかが脱落したら壊滅的な打撃を受ける。そこで先手を打つ。パが４になってセと一緒に試合をお願いする」

「４チームの考えがまとまった。きょうは古株の私がパの意見を集約してセにお願いをした」

「渡邉オーナーには私の考え方を話しています。渡邉オーナーの考え方もうかがい両方の意見調整はいつもしています」

記者から質問が飛んだ。

――なぜ１リーグを目指そうと考えたのか。

新刊案内

2024

5月に出る本

Ⓢ 新潮社

https://www.shinchosha.co.jp

切なすぎるどんでん返し!!

神の悪手

芦沢 央

俺はなぜ、もっと早く引き返さなかったのか——。棋士を目指し奨励会で足掻く男が直面する究極の選択は。凄みに満ちたミステリ五編。

101433-3
●649円

このラスト、予測不可能!

フェルメールの憂鬱

望月諒子

フェルメールの絵をめぐり、天才詐欺師らによる空前絶後の騙し合いが始まった！　華麗なる罠を仕掛けて最後に絵を手にしたのは!?

103344-0
●935円

作家・梨木香歩は何を考えながら生きてきたか

ここに物語が

梨木香歩

人は物語に付き添われ、支えられて、一生をまっとうする。長年に亘り綴られた書評や、本にまつわるエッセイを収録した贅沢な一冊。

125347-3
●781円

最後に「ありがとう」と言えたなら

大森あきこ

故人を棺へと移す納棺式は辛く悲しいが、生と死の狭間の限られたこの時間に家族は絆を結び直していく。納棺師が涙した家族の物語。

105281-6
●572円

「マスコミは1リーグ制や球団の数が減れば野球人気が衰退するというが、最近は低レベルの試合が目立つ。10球団にして密度の濃い試合をした方がファンは喜ぶ」

――昔からパは交流戦を要求していた。それが1リーグ制へ変わった理由は？

「パの球団は全部赤字だ。合併話が出たころから危機感を持ち5球団のリーグ戦を検討した。自分の球団がどこと組めばプラスかマイナスか。そんなことから議論を始めた」

堤は落ち着いた口調でよどみなく答えた。さらに西武、ダイエー、日本ハム、ロッテの4球団をあげて「どことどこが一緒になれるか模索している」と踏み込んだ。

「ついに来た」「やっぱりそうか」。記者たちはパの中で第2の合併が単なる「気配」ではなく、実現に向かって動き出したと確信した。

オーナー会議では議題にない問題は「臨時緊急を要し」かつ「全員同意の場合」に限り正式議題として論議、議決の対象となる。渡邉は会見で堤の発言は「議案の処理が終わった後の発言」と明確に説明した。規則に照らせば堤の発言は雑談中の一コマ、あるいは場外発言として処理されるレベルの話だ。しかし、渡邉、堤という存在感抜群の2人が衝撃度大の発言をしたため新聞、テレビが大きく伝え、「1リーグ移行」があたかも決定事項のような印象を与えた。

堤の発言を「オーナー会議の議題ではない」と正面から指摘する報道はなく、記者団に囲まれた各オーナーも「驚いた」「唐突」など発言の印象を語るばかり。わずかに中日のオーナー白井だけが「議題外だ」と冷静に指摘した。球界に本当の嵐の季節がやってきた。

「パ4球団もセに混ぜて」堤哀訴

実際のオーナー会議は、渡邉、堤の記者会見の説明とは少し違う。

複数の関係者の話では、オーナー会議で、両球団の合併がひとまず承認されたが、一部のオーナーから「まだ実行委員会の承認を得ていない」と指摘が出た。このために実行委の正式承認を経たあとの9月のオーナー会議で承認することになった。そこで堤が「合併で話がしたい」と発言を求め、渡邉が「まず議案を優先して処理する」とそれを止めた。

その後は、野球協約の大局的な改正、選手会による肖像権裁判の経過説明、各球場で進む暴力団排除の強化などの議題がいつものように進み、議案審議は午後3時過ぎにすべて終えた。

ここで渡邉が「議題にないことだが……」と堤に発言を促した。

「来季パが5球団になると奇数球団で戦い続けることはどう考えても無理になります。西武を含む残る4球団で話を続けてきた。今は、あと1組の合併をひと月以内に実現できると思っている。勝手なことだが4球団を一緒にしてセに加わりたい。お願いします」

「いまやパはリーグを解散させるか、5から4になってもリーグ戦を続行できるのか。本当に瀬戸際です。どうしてもセに加えて欲しい決意を記者会見で明らかにします」

堤はこんな調子で語り続けた。パのある幹部は「堤さんは確か『セに混ぜてくれ』と言った気がする。これでは、まるで混ぜご飯じゃないか。妙な言葉を使うと思った」そうだ。

渡邉は「1リーグか2リーグかの重大問題だ。10球団なら14～16試合総当たりが可能だ。日本シリーズに代わる東西対抗勝者と公式戦勝者の対戦などもできそうだ」と述べた。

阪神の久万は「話が出たから考えるが、あまりにも唐突な提案に驚いた」「時期までは決められない」と早期決定に慎重な姿勢を見せた。ヤクルトの堀澄也は「選手や職員、審判らの生活がそれぞれ成り立つことを考え、野球界がエゴを捨て時間をかけて議論すべきだ」と消極論だった。中日の白井も堀と同じようにコミッショナー、セパ事務局の職員リストラ問題を理事会、実行委で協議することが先決と指摘し「6と4ならば1リーグもある」とした。広島のオーナー松田元は「合併が続けばプロ野球の価値が下がる。賛成できない」、横浜の砂原は「パの総意なら真剣に考える」と述べた。パの関係者は「セは決して一枚岩ではない」と感じた。

宮内は「パに属しただけで格差がついた。これ以上は無理だ。新しいカードでチャレンジしたい。1になれば赤字部分を野球の普及に使う」と語った。日本ハム、ロッテ、近鉄は沈黙した。
「もう1組ができない場合は」と聞いたダイエーの中内には堤が「解散だ」と答えた。

パの会長は小池である。パ全体の意思を示すならば小池の発言が筋だが、小池は堤の独演を静かに聞いていた。堤が小池に代わってパの全球団の委任を取り付けたのか。それとも裏付けがない話を都合よく拡大解釈して意見を述べたのか。出席者は堤発言に驚き困惑した。

堤はオーナー会議や記者会見で「5球団でパの運営は不可能」「残る4球団でもう1つの合併を模索の段階」「1リーグで意見はまとまった」「パの意見を集約した」と説明した。

ところが、日本ハムの大社は「合併の話を受けたことはないし、話すつもりもない。今までの通りに北海道で全力を尽くす」と異を唱えた。堤が会見で「パの意見の集約」「パでまとまっている」と述べた見解は大社の発言によって否定された。

堤の発言は合併を検討中の球団さえ未定の中でぶち上げた「ありえない発表」である。「1リーグ制」が実現すれば、堤のリーダーシップへの称賛や野球界での名声はさらに高まる。加えて名義株から派生したいずれ手放すべき西武株にも好影響が及ぶ。堤は何を思ってサプライズ発表に踏み切ったのだろうか。

千慮の一失「たかが選手」

オーナー会議の模様は7日夕からテレビが派手に伝え、8日の一般紙、スポーツ紙の報道はあたかも「1リーグ」「もう1組の合併」がすぐ実現するような印象を与えた。

◇**「西武軸に第2の合併案」「来季、1リーグ濃厚」「堤オーナー『進行中』」**（朝日）

◇**「パで合併もう1組　来季1リーグ制濃厚　プロ野球オーナー会議」**（産経）

◇**「パ、もう1組合併協議」「来季10球団　ロッテ焦点に」「1リーグ制へ加速」**（日経）

◇**「パもう1組、合併構想」「ダイエー・ロッテ浮上」「1リーグ制へ加速」**（毎日）

◇**「10球団1リーグ案」「パ・リーグ『合併もう一組』」「堤氏ら推進」「統合了承」**（読売）

スポーツ紙も特大の活字で10球団・1リーグを主に「堤オーナー動いた」（スポニチ）、「堤オーナー明言もう一組」（日刊）、「堤決断」（報知）と伝えた。

オーナー会議の主題である近鉄・オリックスの合併了承は、読売が4本の見出しの中で一番小さな活字で報じた。

8日の夜、渡邉は新聞社幹部とホテルで会食後、取材に応じた。「古田選手会長が、代表レベルだと話にならない、できればオーナー側といずれ会いたいと言っていますが」という質問に、ほろ酔い加減の渡邉はいつもの伝法な口調で答えた。

「無礼なことを言うな。分をわきまえないといかんよ。たかが選手が……たかが選手だって立派な選手もいるけどね。オーナーとね、対等に話す協約上の根拠は一つもない」

選手会がスト権行使に言及したことにも「どうぞ。やったらいい」と答えた。

ロッテ・オリックス戦が行われた千葉マリン球場の外野席には「合併ならばオレ達は球場を去る!!」「パの灯は消さない」「すべてのオーナーに宣戦布告」など20近い横断幕が揺れ、試合後は「合併反対」のシュプレヒコールが自然発生した。500人以上のファンが深夜まで合併反対の緊急集会を続けた。各球場でも同じ状況が続いた。

9日、スポーツ紙が渡邉の発言を大見出しで伝えた。

◇「**たかが選手**」「**ストどうぞ**」（サンスポ）

◇「**渡邉暴言『無礼だ　たかが選手が』**」（日刊）

◇「**渡邉オーナー　古田に『無礼者』**」（東京中日）

渡邉はこの日、都内のホテルで開かれた読売新聞社の販売総会で、1リーグ制実施後は、日本シリーズに代わる「スーパーチャンピオン・シップ」戦を行う、各球団の経営が安定してくれば3軍を作り、社会人野球とも協力し全国へ野球界のすそ野を拡大すると語った。

この日、連合会長の笹森清は「働くものにとって見逃せない発言」と表明した。一気に「10球団1リーグ制」へ突き進むと見えた動きは、「たかが選手」によって逆回転し始めた。

9日から11日までの3日間、選手会とNPBはともに重要な行事が続く。初日は大阪で12球団の選手会長と球団代表者の合同会議、10日は名古屋で選手会の臨時総会と12球団代表者会議。オールスターもこの日から名古屋、長野で2連戦である。各球団の選手会長、スターが一堂に集うこの時期に「たかが選手」が重なった。

選手会事務局長の松原徹の証言を紹介する。

「あの発言で古田が矢面に立つ形になったことでほかの選手たちの意識は大きく変わった。各選手が（中略）古田だけにつらい思いをさせてしまっているとの思いを抱くようになり結束が固まった」（『球界再編は終わらない』日本経済新聞社、２００５年）。

民主党の国対委員長が「プロ野球が果たしている大きな社会的役割の一方的切り捨てはいけない」（14日）と言い、オールスターの冠スポンサー三洋電機会長の井植敏は東西対抗戦の案を「魅力がない」（16日）と断じるなど社会全体に「1リーグ」制への逆回転が広がった。

「これからはパです!!」絶叫

名古屋、長野でのオールスター戦は苦境に立つパの選手が結束して連勝した。

第1戦前の選手会臨時大会は各球団選手会長ら30人が出席した。18人がオールスター出場組だ。「合併強行の場合はストもある」方針を決め、合併の1年凍結や「特別委員会」開催を求めた。直後に別の会場で開かれた12球団代表者会議は合併延期案の拒否を決めた。

選手会と球団の対決ムードが高まる中、球場のレフトスタンドには「負けるな選手会」「1リーグ制断固阻止」などのプラカードが掲げられた。いつもの華やいだオールスター戦とは違う異様な雰囲気の中で西武松坂大輔の１５６キロの剛速球がうなり、ダイエー松中信彦、近鉄中村紀洋らの4本塁打などでパが6対3で先勝した。

監督の王貞治は「困難な問題をたくさん抱えたパの選手の気合いがいつもとまるで違った。今後もいいプレーでファンの皆様に支えてもらいたい」と呼びかけた。

長野五輪スタジアムの第2戦は、日本ハム新庄剛志が素晴らしいプレーを見せた。1番新庄は初回、打席に入るとレフトスタンドを指して本塁打を予告した。阪神時代の後輩の福原忍が投じた初球を投手前セーフティバント、アウトになったがスタンドを大きく盛り上げた。3回は、左中間へ2塁打、内野ゴロで3塁へ。さらに2死から捕手の緩慢な返球をついて本塁へ突進、頭から滑り込み右手でベースへタッチして先制点をもぎ取った。その場で腹ばいのまま、満面の笑みで何度も両手をバタバタさせて喜びを表した。

新庄は5回に2本目の2塁打を打ち、オリックス谷佳知の安打で生還した。新庄の2得点をパは守り2対1で連勝した。セの得点は巨人高橋由伸のソロ本塁打だった。

王は「新庄がメジャー仕込みの素晴らしい走塁を見せた。我々は余計な話題があり頑張らねばならない。これでパがお荷物でないとはっきり示せた」と語った。MVPの新庄は「パの選手じゃなかったら（本盗は）やらなかったと思う。これからはパです!!」と声を張り上げた。

ライトスタンドでは各球団の応援団が「パ・リーグの唄」を演奏、選手会は10日のオールスター初戦から団結の証として12球団のカラーの糸で作ったミサンガを手首に巻いた。月末以後は公式戦でも全選手がミサンガを腕に巻いて出場するようになる。

ほぼ全球団の代表が集まるオールスター戦の期間は、球団側にとっても情報の確認や交換の貴重な場となる。阪神球団社長の野崎勝義は、名古屋から長野へ向かう列車の中、長野のホテルでセの巨人を除く4球団の代表と個別に懇談して1リーグ制に関する本音を探った。オーナー会議の議事録はコミッショナー事務局が作成、各球団へ回覧し承認後に議長が署名して発効する。各球団が会議の正確な内容を把握するまでは早くても10日前後はかかる。

7月7日のオーナー会議の直後、セのオーナーは堤の提案を「一生懸命考える」（横浜）、「議題外だがパが4となれば4・6の1リーグを考える」（中日）、「その（1リーグ）方向へ行きそうな感じだ」（阪神）、「経営サイドでものを見過ぎだ。10でもすぐ1はできない」（広島）、「リーグが1か2かは未定だ。球界活性化にエゴを捨てようと話した」（ヤクルト）と解説した。

各オーナーの考えを報道で知っても、実際に現場へ何を伝えたか。マスコミ発言とは違う内容や分析を説明していないか。野﨑は別行動の巨人を除く各球団幹部と情報の確認、交換を続け、「議題外の1リーグ制に関する堤の発言を渡邉、堤が記者会見で説明した」と認識が一致した。

野﨑はこの模様を自著『ダメ虎を変えた！』（朝日新聞出版、２０１１年）に「彼らの意見は私と同じで『1リーグありき』の空気に不満を感じている。その確認がとれた」「1リーグにするには実行委、オーナー会議の4分の3の賛成が必要で（中略）選手を交えた特別委員会の議決も必要」と記した。野﨑は合併反対、消極の阪神、ヤクルト、広島に「議題外」の中日を加え反対は4球団、「1リーグ制は実現不能」の意味を込めたのだろう。

「1リーグ制反対」へ阪神蜂起

「今日は2人の正論に押された。1リーグ制より2リーグ制が良いことははっきりしている。2リーグ制の考えを応援する」――7月13日午後3時過ぎ、阪神球団の役員会を終えたオーナーの久万が1リーグ制反対を表明した。

「1リーグの許容範囲は10、理想は8」と早々に意見を表明した1リーグ論者久万の突然の方向転換である。午前中に久万へ情勢報告したオーナー付シニアディレクター星野仙一は、堀江が近鉄買収を表明した直後の7月2日付朝日新聞の「三者三論」で熱く語った。

「近鉄を買収したいという企業が現れた。12球団を保とうという考えに、私は共感を覚える」

「球界は門前払いしようとしている。近鉄は交渉さえ受け入れることなく、オリックスと合併を進めるという。その先にあるのは1リーグ制移行か。ちょっと待ってほしい」

「プロ野球のOB、特に巨人のOBたちよ。もっと声高に野球の危機を叫び、意見を言おう。ファンあってのプロ野球。皆で考え直そうではないか」と呼びかけた。あわせて星野はFA、ドラフト制度のゆがみ、球団参入時の加盟料などの改善も指摘した。

13日午前のオーナー報告会で「1リーグは時代の逆行」「球団減はファンも減り、野球は衰退する」と熱弁をふるう星野に久万は何度もうなずいた。その効果が午後1時からの球団役員会で現われた。

4球団の代表と情報を共有した野崎は、中日、広島、横浜は「1リーグ制になれば、ついていけない打撃を受ける」と他球団の状況を説明した。1試合1億円とされる巨人戦の放映料が減り、球団財政を直撃する。各役員からは「優勝の確率が6分の1から10分の1へと下がる」「6―10位球団の対戦は観客減が確実、試合の半分は消化試合に近くなる」など懸念の声が出た。

久万の発言は揺れた。

「1リーグ制は観戦人口が一定として1球団当たり多くの観客を得る考えだ」と1リーグ支持を匂わせる一方で、「1リーグに反対の理屈を作って他の球団をまとめ、巨人の代わりになる」、「この案しかないと持っていく。代替え案がないと反対できない」と巨人との対決色を出した。

ある役員が「1リーグになれば巨人戦が減る。セの球団全体で損失は50億になる」と具体論を出すと、別の役員が「（野球界にとって）何が正しいかより損しないことが一番」、「損が少ない方がいいが将来も考えねば」と発言するなど、１時間近い討議が続いた。

ばらばらの意見が一通り出たあと、野﨑が「セ６・パ４」体制でも両リーグを並立させ、交流戦を行うと提案した。交流戦はパにも巨人戦の放映料が入り、経営改善に資する。考えがぶれる久万が初めて「将来は４が６になる可能性もある。交流戦をやろう」と応じた。

野﨑は15日、「来年からの１リーグは難しくないか。４球団に呼びかけて意見交換する。今後は各球団と協議し話を続けて実現可能な案を示したい」と記者たちに宣言した。

渡邉は同夜、野﨑の発言を聞いて「いいんだ、こっちにも考えがある」と語った。

16日午前中、野﨑は広島球団オーナーの松田元と広島で、午後は甲子園球場で対戦相手中日の球団社長・西川順之助らと会談、細かい点を除き、２リーグ維持で合意した。これでセ３球団が2リーグ制で一致した。

同夜、大手町の和食店で総理・小泉純一郎と政治部ＯＢ記者の懇談会が開かれ、渡邉やパ会長の小池も参加した。小池は閉会後も30分ほど渡邉と話したあと「総理は野球好きだから６割は野球の話。機微に触れた話はしていない。渡邉さんは阪神のことは言わなかった。オーナー会議まで様々な議論が出るでしょう」（報知）と語った。

23日、野﨑はヤクルト多菊善和、横浜峰岸進の両社長らと同時に会談し、「来季2リーグ維持」で一致した。最後の訪問先巨人では社長の土井誠、代表三山秀昭から「反巨人連合は遺憾、提案は球団案か個人の案か」と激しく反発され、案を俎上に乗せないままに終わった。

セパ対立が一気に険悪化

７月26日の実行委員会の目的は、「１リーグ10球団」制となればオールスター、日本シリーズがなくなるＮＰＢの収入確保策を各球団が示すことだった。

１リーグ10球団制の年間試合数は16試合総当たりで各球団の意見がほぼ一致した。日本シリーズはシーズンを前後期制や東西両地区に分けた勝者が日本一を争うアイディアが拮抗した。現実には、ほかに選択肢はなかった。前後期制度は同一球団が優勝する可能性があり日本シリーズは自動消滅する。東西２地区制は、新たな合併球団の本拠地も地区も不明で細かい議論不能の案だった。

不確かなイベントにスポンサーがつくか。検討を深めるたびに、現行の６球団２リーグの日本シリーズに勝る案はないことが改めて浮き彫りとなった。

オールスター戦も同様で、日本人対外国人案などが出たが、選手の契約は球団ごとに異なり、ファン投票で選ばれた選手がすんなり出場する保証はなかった。

日本シリーズ、オールスターの代替案の困難さが確認されたあと、阪神の野崎が「10球団となってもセ６パ４の２リーグ案」を出した。

セ６球団が18戦総当たり90試合、パ４球団は20戦総当たり60試合。交流戦は各カード14試合制でセは56試合で総計１４６試合。パ４球団はセ６球団と84試合で計１４４試合。試合数はほぼ並ぶが、リーグ内の対戦はセ62％、パ42％だ。それで２リーグ制か。多くの疑問が出た。

関係者によると、近鉄の小林が激しい反論を展開した。

「オーナー会議で６と４なら１リーグを検討する方向性が出たはずだ。それがなぜ今ごろ２リーグなのか。セの球団がわずかでも黒字なのはパの犠牲の上でのことだ。米国に比べ遥かに狭く、時差もない日本でなぜ半分しか対戦できないか」

　オリックスの小泉は宮内から「オーナー会議が1リーグ検討で合意した以上、実行委が2リーグ問題を協議すること自体に意味がないと指摘された」と、暗に2リーグ制論議の打ち切りを求めた。

　宮内の言い分は野球協約上の実行委員会の役割や存在を否定する暴論に等しい。宮内は7日のオーナー会議で「パに属しただけで格差がついた」と発言した。近鉄小林の「パの犠牲の上のセの黒字」など、パの〝被害者〟意識はセ各球団が激しく嫌悪した。

　結局、小林、小泉が日ごろの思いをぶちまけたあとは「もう1つの合併が明らかになればそこから1リーグを考える」意見がセの大勢を占め、パ側と巨人は「オーナー会議の堤発言によって1リーグを検討する方向性が出た」と主張した。

　かみ合わない議論に、実行委の議長豊蔵一が「オーナー会議で1リーグ制が決まったわけではない。意見を聞かれたセの中にも困るという意見もあった。議論を進めることは、プロセスや外部に与える印象から大事だ。今後は実行委で1リーグの必要性、ついで1年間は2リーグの阪神案を正規の場で行う」と締めくくった。

　会議は午後1時から延々7時間近くを費やして両論併記、議論継続を結論とした。つまり、何も決まらなかったのである。

渡邉が突如オーナー辞任

8月13日、渡邉が突然オーナーを辞任した。後任オーナーとなる読売新聞東京本社社長、編集主幹の滝鼻卓雄が緊急記者会見で明らかにした。

巨人がドラフトを優位に運ぶため、各球団もマークしたアマ球界の逸材、明治大学のエース一場靖弘に栄養費名目で現金を供与したことが明らかになったための引責辞任である。

滝鼻は会見への出席を見送った渡邉のコメントを発表した。

「このような不祥事を起こし野球ファン、関係者の皆様に深くお詫びする。多くの関係者がプロ野球をどう発展させるか議論している重大な時期に犯したルール違反の責任は重く、球団幹部を厳しく処分するよう指示した。自らの道義的責任を痛感し巨人軍の取締役、オーナーを辞任した。野球ファンの皆様のご理解を得たうえで新たな決意をもって真摯に野球発展に力を注ぎたい」

処分は球団社長の土井、代表三山ほか1人を解任、会長を辞任させる厳しさで、滝鼻と新社長の桃井恒和、新代表の清武英利が山積した難問に取り組む。これまで球界とは何もかかわりがなかった3人は、いきなり濁流渦巻く中へ投げ込まれた。

滝鼻は記者会見で「事実を公表して選手が傷つくことと、名前を伏せて〝隠した〟と社会の理解を得られないこと。双方から受ける影響を考えて数日間悩んだ」と苦悩を打ち明け、「一場投手をはじめ関係者、野球ファンに申し訳ないことをした。今回の件で一場投手のプロ入りの希望が閉ざされないよう皆さんにお願いしたい」と深く頭を下げた。

リーグ再編問題や渡邉辞任の影響も次々に問われ、慎重に言葉を選んだ。

――渡邉オーナーはなぜこの場にいないのか。

「私が判断した。新しいオーナーになったのだから私から説明しますと言った。この問題を自主的に公表せよと強く主張したのは渡邉だった」

――球界再編について今後の方針は。

「渡邉はプロ野球の将来に強い危機感を持っていた。私も危機感は共有している。1リーグか2リーグかは、議論してこれからどうなるかだ。1リーグに向けて推進していく考えはない」

「渡邉は1リーグ論者ではない」

――渡邉オーナーの影響力が残るのか。

「読売新聞グループの主筆として今後も野球の問題に限らず様々な場面で発言する機会があると思う。野球組織内で今後発言することはない」

「オーナーとなって、非常に重い荷物を背負ったという正直な実感がある。いずれにしても球団の最終意思決定については私が全責任を取る」

渡邉の突然の辞任は球界全体に衝撃を与えた。

午後3時半、あるマスコミの大幹部が滝鼻へ直接電話をかけてきた。「オーナーに就任するうわさがありますが……」。滝鼻は「これから出かけるところで忙しい。あとで」と電話を切った。

スポニチは会見が終わるか終わらないかのうちに都心、大阪市内で号外を配った。「渡邉オーナー辞任」の大見出しとパイプをくゆらせる渡邉の写真が紙面の9割を占める。「これまで抑えつけられていた各球団のエゴがむき出しになる可能性がある」「剛腕オーナーが表舞台から去ったことで球界が大混乱に陥る危険性はさらに高まった」と記事は大混乱を予見している。

各紙も渡邉辞任を大々的に報道した。

渡邉の強い個性は敵を作りやすい。「たかが選手」は批判されるべきだが、渡邉の言動に反感を持つ層からの非難の激しさは想像を超える速さで全国へ広がった。それでも、実際には球界全体が渡邉の個性に頼り、強い発言を待ち望んでいたことは否定できない。

16日付の毎日は「『権力の空白』どう影響」と見出しを打ち、渡邉がオーナーに就任以来、剛腕をふるって球界を動かしてきた数々の実例に触れて球界が事実上のリーダー不在に陥る混乱や危険性を指摘した。

「肝心のもう1つの合併が決まらない時期に旗振り役が消えた。パ球団にすれば、合併・球界再編に対する選手会や一般ファンの反発を一身に受けてくれた〝風よけ〟がなくなる。直接批判を浴びることも覚悟で先頭に立つ人物が現れるかどうか」

王貞治も同じ懸念を語った。

「激動の中で身を引くのは心残りだろう。読売だけがよければよいという考えは絶対持っていない。世間で誤解されている部分があるが〝違う〟と言いたい。残念です。あれだけの指導力、影響力ある人はなかなか出てこない」

指導力、影響力を行使する旗振り役が不在となった球界は、一層の迷走状態へ突入した。

深まる堤の焦りと暴走

西武の堤は、渡邉辞任を「球界のために長年情熱を尽くしてこられたことに心から敬意を表します。突然のことで残念でなりません」と悔やんだ。その実、堤も迷走へ追い込まれていた。

堤が当初から合併を画策したのはロッテとダイエーである。ダイエーホークスは福岡に立派な球場があるが、ダイエー本社の経営は苦しい。福岡は韓国に近い。ならば、ロッテを福岡へ移しダイエーを吸収すれば双方がウィンウィンの合併になる――。机上の計算はまさにその通りだ。

堤はしかし、重要なことを見落としていた。例の「ダイエー・外資極秘契約」は堅い守秘義務があるため、全容の把握は困難だが、契約内容を示唆する重要情報は03年秋からマスコミがたびたび伝えてきた。当時の日経記事を引用する。

◇「ダイエーは29日、球場、球団、ホテルからなる福岡事業運営計画をまとめた。外資に球場とホテルを売却後も集客力を高めるため球団と営業面で一体運営する」（03年10月30日）

◇「球団は球場と長期契約を結び、期間中に移転する場合は球団所有者が違約金を払う条項を盛り込むようダイエーに求める方針」「違約金は球団が移転した際に地元が被る損失をもとに計算する仕組みで数百億円に上る可能性もある」（11月15日）

◇「球団が球場と異例の30年という長期契約を結ぶことが明らかになった。この契約で主力銀行6行は再建が確実になったと判断、来年2月までに２５０億円程度の債権を放棄する」「ダイエーが福岡銀行など地元３行に説明し３行も了承した。来週中にコロニーと基本合意し発表する」（11月21日）

コロニー会長兼ＣＥＯトーマス・バラックは03年12月2日、基本契約締結を発表した際に「球団運営はダイエーにまかせる」と明らかにしたが、30年契約や巨額の違約金には触れなかった。

加えてダイエー、ロッテとも不特定多数の消費者を相手とする企業だ。地域に深く根ざし市民の球団としてファンや地元自治体、企業からも厚い支援を受ける。地域の声援が多い球団ほど、自ら地域を見捨てる「球団移転」は言い出せない。当然だろう。

特にダイエーは主力行が産業再生機構への支援要請を迫っても、球団保有に固執した。球団を手放せば福岡ではダイエー商品の不買運動も起こりうる。動けない事情だ。ロッテも地域全体に根を張り、熱い多くのファンに支えられてきた。それだけに、千葉を離れるならばこちらも組織的な商品不買運動が起きかねない。

7月後半には球場が建つ県有地に夏休み対策として「営業特区」が認められた。8月13日からのオリックス、20日からのダイエーの各3連戦では「エンジョイ・ボールパーク」として屋台風の出店が認められ、カードショーなどのイベントが開催されることも決まった。ファン、行政の手厚い応援や支援に支えられるだけに、ロッテの動くに動けない状況はダイエーと全く同じだった。

堤の構想は完全に失速した。渡邉が去った球界で堤の相談相手はいなかった。

このころの堤の心境を考える手掛かりが1つある。

名義株問題を抱えるコクド、西武グループで早期解決のためコクドの専務が堤に解消策を提案したのは8月26日のこと。堤は合併問題でも深い迷路に入った時期だ。

8月末、堤は東証一部上場企業の会長を赤坂プリンスホテル旧館2階のフランス料理店の昼食へ誘い、無言で会長に紙を差し出した。株の売却交渉のためだ。

以下は『西武事件』（日本経済新聞社、２００５年）から引用する。

「そこには手書きで『西武鉄道のコクドの持株比率を下げるため御社に二百五十万株（〇・六％弱）を保有してほしい。株価千三百円として総額三十二億五千万円。期限は九月二十四

> 日（金）受け渡し完了』と書かれてあった。理由を聞いても、義明は答えなかった」
>
> 「この紙切れは受信したファクス用紙らしく、受信年月日・時刻、さらに宛先のファクス番号までが文面の脇に小さな字で印刷されている。後で調べると、それはコクド本社の番号だった。トップが〝営業〟にあたって間違うことのないようにと、グループ企業（恐らく西武鉄道）からコクド秘書室あたりに送信されたメモなのだろう」
>
> 「このころグループを挙げてインサイダー取引に奮闘していた。ことの内容に、犯罪性があると意識していたなら、いくら信頼する相手であっても『物的証拠』を渡したままにすることなど考えられない」
>
> 「実際、義明はあきれるほど無警戒、無知だったのである」

取引は会長が断り成立しなかった。合併問題で躓き、今度は名義株解消問題で挟撃された堤は、あまりの難題の連続に疲弊し、通常の判断力を一時的に失ったのだろうか。

第5章　巨人がパ・リーグに？

滝鼻「1リーグを推進する気はない」

「1リーグを推進する気はない」「新規参入は野球協約にのっとって判断する」――巨人軍新オーナー滝鼻卓雄は球界が直面する諸問題への決意を8月23日の読売新聞紙上で初めて語り、「『ファンに夢』忘れずに」の見出しで紹介された。以下が要旨である。

◇1リーグ制

「今はプロ野球再生＝球界再編という空気だが、大事なことは野球再生のために何をするかだ。再編は手段であって目的ではない」

「巨人として〝1リーグありき〟の考えはない」

「パでもう1組の合併が成立した場合、1リーグにならざるを得ないという分析はしているが、1リーグ実現に向かって推進する気はない」

◇新規参入

「(ライブドアの加盟が)正式手続きを経て議題になれば、球界ルールにのっとって判断する。保護地域など現実的でない内容がありコメントする段階ではない。ただ、5を6にすれば何とかなるという発想では問題は解決しない」

◇交流戦

「パの危機は対岸の火事ではない。やがてはプロ野球全体の危機につながる。交流戦はどうか。新たな収入源はないか。提案があれば真剣に耳を傾けたい」

◇球団運営

「プロ野球はファンの皆さんに夢を与えるものでなければならない。プロ野球、巨人軍が多くのファンに支えられていることを忘れずに球団運営に当たりたい」

前オーナーの渡邉恒雄は「1リーグは協約改正が必要だ。国連（NPB）が機能しなければ有志連合、新リーグだ」と語ったが、滝鼻は球界の危機感は共有しても1リーグは「推進しない」という。新規参入問題でも違いがある。

ライブドア社長の堀江貴文は8月19日、合併ではみ出した選手たちで新球団を結成し「来月に加盟申請」、「保護地域を大阪府、本拠地は大阪ドーム」と表明。それが無理ならば球団誘致に前向きな自治体を募りたいと語った。

堀江の買収表明を近鉄本社が拒否した時点で「話は終わった」が球界の共通認識だった。今回の申請も、ＮＰＢが合併により誕生する新球団と阪神に期間限定で大阪、兵庫のダブルフランチャイズを認めており、堀江が目指す保護地域、専用球場は実現不能の計画だ。

それでも滝鼻は堀江の加盟申請を「議題になれば野球協約など球界ルールに沿って判断する」と語り、他企業でも条件が整えば、野球協約の手順に従い、新規参入を検討する考えを示した。その先には再び球界が６・６体制へ戻る可能性さえ見えてくる重大メッセージである。

交流戦の発言にも渡邉との違いが見える。

「10球団1リーグ制は究極の交流戦」が渡邉の考えならば、「1リーグを推進する気はない」滝鼻は「交流戦がパの危機改善に役立つか」を探る立場だ。交流戦は長年、パが巨人戦の放映権獲得を目指して開催を主張、反対のセ球団から泣きつかれた渡邉が〝風よけ〟として立ちはだかった事実は毎日が指摘したとおりだ（第４章）。

メジャー1年目のイチローの大活躍で日本のプロ野球の危機が現実味を帯びた01年11月5日のオーナー会議で、渡邉は人気回復の起爆剤にセパ交流戦を提案した。しかし、直後に横浜球団のオーナー企業交代を巡り、野球協約改正論議が続き、交流戦実施の機運が消滅した。滝鼻の「交流戦」は当時の渡邉が唱えた交流戦と同じものだ。

渡邉ならば、交流戦など関心が深い問題は多くの報道陣の前で発信し一気に流れを作るだろう。滝鼻は敢えて読売を選んだ。自身の意図を正確に伝えるための最も安全、確実な方法だが、他紙は追随しない。そのため、新規参入に道を拓き、1リーグを推進しないという重要発言にもかかわらず、球界、選手会にもさほど浸透しなかった。

1リーグ構想に根来「待った」

読売は滝鼻構想を掲載した8月23日、1面と別面で、コミッショナーの根来泰周の単独インタビューを掲載し、根来が10球団でも「1リーグ」以外の独自案を示すと詳報した。

関係者によると「根来の発言が正確に伝わっていない」、「口下手な根来に真意を語らせたい」との声がＮＰＢや読売関係者の間で強まりインタビューが実現したという。

「1リーグを主張するパは巨人戦に自分たちも参入して共存共栄を主張、巨人を除くセの球団は巨人戦が減ると共倒れになる。要するに共存共栄か共倒れかで論争している」

「理念的には2リーグだ。12球団が共存共栄できれば一番いいが、今の社会経済状況、歴史の流れからなかなかそれができない」

「パが4球団となったとき、リーグ数は1か2か議論になる。その時、こういう選択肢がありますよといくつか提示し、それをたたき台に議論してもらう。10チームでも最初から1リーグありきではない。選択肢は限りなくある」

根来は渡邉のオーナー会議での発言を「パ5、セ6なら2リーグで行かざるを得ない。もう1組あれば1を検討する。8球団になればもう1だとまとめた。ぜひ1リーグとは言っていない」と紹介、10球団1リーグ制のマスコミの伝え方が誤解を招いたと指摘した。

現在の混乱は「過去のウミが一気に噴き出した。目の前の問題処理に忙殺されれば将来を見失う危険性がある」、「将来的にはＮＰＢが国際試合などのニュービジネスに挑み、利益を球団に分配する」、球界改革案やプロアマの垣根をさらに低くするなど、自身の考えも明らかにした。

一方、朝日、毎日、日経などが「球界再編」「1リーグ問題」などを社説で活発に論じる中で沈黙し続けた読売がこの日の紙面で初めて「再生と発展に必要な建設的論議」と社説を掲げた。「巨人はパが5球団なら2リーグ、4球団なら1リーグ制を検討せざるを得ないとしている。いずれかに固執するわけではない」と滝鼻の発言と同じ趣旨だ。

社説で触れた以上は、これが読売新聞グループ本社の外部へ向けた公式見解だろう。

滝鼻、根来のインタビュー、社説は「10球団1リーグに固執するわけではない」「危機的な状況にある野球界はすそ野拡大と国際化が大切」の2点で一致、滝鼻、根来はともに「10球団1リーグありきではない」と同じ表現を使った。

23日はスポーツの大一番が集中するいわゆるスポーツの〝特異日〟である。開催中のアテネ五輪はこの日午前零時（日本時間）、日本が金メダルを狙う女子マラソンがスタートする。22日朝刊テレビ欄は「4大会連続メダル目指し難コースへ挑む」と実況中継されることを伝え、併せて読売や毎日は「五輪特別輸送態勢のお知らせ」を1面に掲示した。マラソンでメダルが確定すれば最終版にぶち込むための布石で、記事の重複や遅れが一部地域で発生する「お断り」でもある。

アテネでは日本の野口みずきがケニア選手の猛追をかわし12秒差で金メダルを射止めて全紙の1面を華々しく飾った。夏の甲子園では南北海道代表の駒大苫小牧高が愛媛県代表の済美高を破り深紅の大優勝旗が初めて北海道へ渡った。

スポーツ関連の生ニュースで紙面があふれることが分かっていながら、なぜ読売は生ニュースでもない根来、滝鼻のインタビューに大々的に紙面を費やしたのだろうか。

コミッショナー権限とは何か

考えられる理由の一つはこの日（23日）午後、NPBが選手会の要求する「特別委員会」の開催拒否を通告すると決めていたことだ。選手会の反発激化に備えて、根来、滝鼻が「10球団1リーグありきでない」という日ごろの考えを改めて説いたのではないだろうか。

選手会は野球協約の「特別委員会」開催が、合併阻止の切り札になると6月から開催を求めてきた。NPB側は検討中と回答を先送りしたため、8月2日、「野球協約の規定により合併合意の効力を争う」とする警告書を近鉄・オリックスへ送り、根来にもコミッショナー権限の〝指令〟を出して合意書締結を中止させるように求めた。

根来は「野球協約上、近鉄球団にものは言えるが、近鉄本社には言えない。コミッショナーの指導力には限界がある」と断り、セパ会長との三者会談で、特別委の開催拒否も決めた。

特別委員会とコミッショナー権限は野球協約上どう結びつくか。難解だが説明しておく。

野球協約

◇第2章　コミッショナー

8条（職権）2　コミッショナーが下す指令、裁定、採決ならびに制裁は、最終決定であって、この組織に属するすべての団体と個人を拘束する。（他項略）

9条（指令、裁定および裁決）1　指令　コミッショナーは野球最高の利益を確保するために、この組織に属する団体あるいは個人に指令を発することができる。（他項略）

10条（対外措置）　この協約の当事者以外の団体または個人の行為が、野球に有害であると認めた場合、コミッショナーは必要に応じ、国家機関にたいし、適当な措置を請求し、あるいは防止のための立法措置を請願しなければならない。

11条（規定の解釈）　この協約ならびにこれに附随する諸規程、手続き等にかんし、当事者間に解釈上疑義が生じた場合、コミッショナーが最終判断する。

◇第3章　実行委員会

19条（特別委員会）　実行委員会の審議事項中、選手契約に関係ある事項については特別委員会の議決を経て、これを実行委員会に上程する。

特別委員会は両連盟会長、両連盟の球団代表委員各2名および両連盟の選手代表委員各2名計10名をもって構成する。（略）議案の可決は出席委員数の4分の3以上の賛成を必要とし、議長は委員としてのみ表決に加わる。

特別委員会は実行委員会議長が議長となり、議長が必要と認めたとき随時招集される。

コミッショナー権限を使う「野球最高の利益」「野球に有害な団体または個人の行為」、特別委が対象とする「選手契約に関係ある事項」――この中で「野球に有害な行為」は比較的意見が一致しやすい。「最高の利益」「選手契約」は具体的な規程がなく、立場によって伸縮自在に解釈できる曖昧さがある。

実行委議長の豊蔵一はこの日（23日）、特別委開催拒否を通知し選手会の意見を聞く機関として「統合に関する委員会」新設を提案した。選手会は「話し合いには応じる。議決権がない委員会で統合問題の協議は無意味」と回答した。

新委員会は両連盟会長２人、当事者球団を含め球団側、選手会側とも各４人の10人で構成された。ＮＰＢ側は人選で揉めた。中日、広島、ヤクルトは「特別委開催すべし」の立場、阪神と横浜は「選手の気持ちも分かる」理由から委員を辞退した。このためセ側では実行委に初出席となる巨人の清武英利がロッテの瀬戸山隆三とともに委員に就任。パは当事者の近鉄、オリックスを含めて３人、セ１人のいびつな構成だった。

選手会は24日、特別委不開催は法的に争うとする一方で、円満解決のため「野球協約９条の指令を発令し、実行委議長へ特別委開催を命じるようコミッショナーに求める」要望書を送った。根来は25日、文書で「指令はできない」と回答した。

「合併・統合は結果として選手数削減につながる。したがって選手契約に関係ある」が選手会の解釈だ。ＮＰＢは「特別委の対象は統一契約書にある選手一般にかかわる問題」で一致している。合併は10条にある「当事者以外の団体または個人の行為」であり、コミッショナーの職権（８条）は及ばず、協約の対象外とする立場だ。根来は11条による最終判断として特別委開催拒否を決めた。

特別委の開催拒否に朝日新聞編集委員の西村欣也が早速コラムを書いた。西村はＮＰＢ担当が長く、60億円の新規加盟料をスクープしたように協約を精読して球界側に〝モノ言う〟記者である。今回のスト騒ぎでも個性的なコラムで常に賛否両論の評価を伴う〝論〟を展開した。

「なぜ、開催を拒否したのか。理由は簡単に推測できる。特別委は議決機関であり、議決には出席者の４分の３以上の賛成が必要となる。10人の委員のうち、４人を選手で構成するため、議案を否決される可能性が大きいからだ。否決されれば、実行委員会に議案を上程できなくなる。

（中略）議決権のない委員会の開催を提案したが、これは、ガス抜き以外の意味を持たない」

核心を突いた指摘だ。しかしコラムは8条から11条に至るコミッショナーの権限には触れていない。不開催の理由で核心を突いただけに、協約上の権限を協約の外部へどのように行使するのか。10条の解釈や立法措置の方法も読みたいところだ。

のちに選手会が「合併の1年凍結を認めなければスト突入」を決議した際も、西村はストが行われれば野球最高の利益は失われると「指令」を求めるコラムを書いた。合併中止、凍結へコミッショナーは指令を出すべしとの主張である。

協約上のコミッショナー権限から、根来が合併を「野球最高の利益を損なう」と判断した場合に限り合併中止、凍結を球団に「指令」することは可能である。

問題はその後だ。指令を受けた球団は「協約の当事者以外の団体」である親会社へ「指令を受けた」と報告する。親会社は合併の法的手続きは済ませており、球団へ「法的な手続きは終わった。球界の掟よりも合併が優先する」と伝えてすべては終わる。

ただし、9条5「実行の責任」には、「コミッショナーが下す指令、裁定、裁決ならびに制裁について、関係連盟会長および関係球団代表役員が実行の責任を負う」という項目がある。

これでは法を超える指令を受けた連盟会長や実行委員会出席者が責任を果たせない。立法措置や請願を含む10条「対外措置」はこうした事態を避けるためにあるのかもしれない。

野球界の憲法とされる野球協約も実際は12球団が構成する「日本野球組織」という任意団体の約束事である。「最高権力者であるコミッショナーの判断は絶対」という決め事を「野球協約」と称して組織内の団体、個人に権限を及ぼせているに過ぎない。言うまでもないが、組織外の合法的決定を左右する権限も根拠も存在しない。

その一方で、野球組織外の企業同士が決めた横浜球団株の譲渡をコミッショナー判断で覆した先例がある。これに倣い、根来に積極的行動を促す声が球界にあったのも事実だ。

就任以来、「どうも外部まで巻き込んで権限が及ぶと誤解されている」と根来が頭を悩ませ続けたのがまさにこの点だった。

急浮上「5・5の2リーグ論」

特別委員会開催を実行委議長の豊蔵が拒否した直後から、「10球団1リーグ構想」に異変を告げる言動がたてつづけに報じられた。その跡を辿ってみる。

民主党政調会長の仙谷由人ら国会議員で構成した「日本プロ野球の更なる飛躍・発展（中略）を推進する会」が8月26日、根来を訪ねて「2リーグ維持に指導力の発揮」や加盟料撤廃、特別委開催を求めた。1時間超の面談後に仙谷は、「もしパが4球団となっても、コミッショナーは2リーグ維持の私案を出すそうだ」と明言した。

会談後に根来も自身の考えをはっきり述べた。

「たとえ10球団になっても1リーグありきではない。選択肢はいろいろある」

「1リーグは問題がある。球界70年の歴史の中、55年間は2リーグだった。まず、2リーグを続けることを考え、無理なら1リーグの意見があるかもしれない」

根来は合併表面化でマスコミが「1リーグ10球団」へ一斉に傾斜した後も、「1リーグ制は現実的ではない」「さらに多くの〝失業者〟を出すなんて世間に受け入れられない」「審判の雇用問題など取り組まなければならないことが多すぎる」（「朝日」6月19日）と語った。

7月7日のオーナー会議当日は「1リーグだ、1リーグだと言っても、私は2リーグの職員を抱える野球機構の会長だ。それをどうするのか。雇用保障を各球団含め連帯責任でクリアにして貰わなければ困る」（東京中日スポーツ）と一直線に「1リーグ」へ向かう球界の大波を必死で押し返そうとしていた。

根来は仙谷らの「2リーグ維持」の要求は受け入れても、合併中止が前提の2リーグは受け入れ難い。根来は「もう1組」成立でも「10球団2リーグ制を考え複数の選択肢を提案する」、「合併は動かせない」の2点を伝えた。仙谷、根来の話からは、互いに一定の理解があったことがうかがえる。この動きを8月27日朝刊で各紙が伝えた。

◇**「10球団でも2リーグ制　コミッショナー、私案に意欲」**（日経）

◇**「根来コミッショナー、2リーグ制維持の構え」**（日刊）

27日夜、オーナー辞任以来、沈黙してきた渡邉が、ホテルで滝鼻と会食後に、待ち構えていた記者たちにわざわざ語りかけた。

「君たちにはナベツネが1リーグ論者という迷信がある。確かに急に6が4になったら1リーグ制にでもと考えたこともあるが、7月の段階で俺は2リーグ制を各方面に説いた。ただし5・5の2リーグ制だ。そうなるかどうか、後任の滝鼻がやることだ。俺は球界外の人間だから」

渡邉は吹っ切れた様子で語り、車に乗り込んだ。まさかの発言だった。真意は不明だが、ともかく「6・5の2リーグ」、「10球団の1リーグ」に球界内外の実力者の「10球団2リーグ」「5・5で2リーグ」が加わった。28日に各紙が報じた。

◇「1リーグ断念　10球団になっても5対5で交流戦を」（スポニチ）

◇「5対5の2リーグ　もう一つの合併はダイエーとロッテ示唆」（報知）

日刊は7面トップで選手会の仮処分申請を扱い、その下に「渡邉前オーナー『新2リーグ構想』」と地味に扱った。一般紙は発言の単なる紹介にとどめた。渡邉の真意が分からないことや、オーナー退任後の球界外の人物の自由な発言だからと判断したのだろう。

近鉄本社、オリックス本社と近鉄・オリックス両球団の4社は、27日合併契約書に正式調印した。近鉄本社が文書で発表し、近鉄球団社長の小林哲也は「契約に法的な瑕疵は全くない。何も心配する点はない」と自信をみせた。すでに合併を大筋で承認、正式調印を待つ実行委員会が30日に予定されていた。そこで決着すれば、パは5球団となる。

選手会も同日、NPB、近鉄、オリックスを相手に東京地裁へ合併差し止めと特別委開催を求めて仮処分を申し立てた。NPBの「合併は経営問題」とする見解は「1リーグ10球団を目指す一部オーナーの意向による不当な球団つぶしであり、選手の地位を侵害した」とも主張した。

「5・5で2リーグ」論、選手会の合併差し止めの仮処分申請、球団親会社が合併正式調印など次々と展開し、選手会と球界の正面衝突は秒読み段階に差しかかった。

「5・5の2リーグ論」3日連続加速

29日は朝日が根来のインタビュー記事を朝刊のオピニオン欄に掲載した。「球団つぶれては仕方ない　スト権ノーコメント　各5チーム2リーグも」が主見出しである。先に「特別委開催拒否」の理由を指摘した西村が企画した。

根来へのインタビューも野球協約の解釈を絡めた。協約は2リーグを前提にコミッショナーを選出している。現協約のもとで1リーグ移行は可能なのか?

「だから1リーグになれば僕は辞める、と言っている。もう1組が出てくれれば選択肢を出す。5・5で2リーグの選択肢もある」

「1リーグと言っても投票したら4分の3は確保できないだろう」

「4分の3は確保できない」は阪神、ヤクルト、広島、中日、横浜から4球団が反対にまわるという、大胆で重要な分析だが、見出しは「各5チーム2リーグも」と一連の流れに乗った。

朝日の世論調査は2リーグ制支持70%、スト支持59%と出た。球団に遠慮せずファン第一に考え行動すると発言した元コミッショナーもいた。根来はファンの声をどう聞いたか。

「抽象論は全員が賛成する。何も2リーグでやらないとは言ってない。オーナー会議の渡邉発言も間違って伝えられている。6と5ならば2リーグ、もう1組出てきたら1リーグ検討、8になればもう1リーグだと」

これは23日の読売と同じ内容だ。1リーグの発言は議題に沿った発言か。

「まあ、議論の対象になった。対象と言うか、不規則発言ですわな」

西村は協約3条の「野球は社会の文化的公共財」を引用し、「球団統合にもコミッショナーが文化的側面を強調すべきではないか」と問いかけた。

「両立が望ましいが今の社会は連結決算が導入され、株主総会がある。株主は費用対効果を求めるから兼ね合いが難しい。(文化面を強調しても)球団がつぶれては仕方ない」

「スト権ノーコメント」はＮＰＢと選手会が和解した覚書をもとにした細かな質問に、根来が

「ストの問題の取材には応じかねる」と返答したことが見出しになった。

結局、「もう1組の合併が実現しても『5・5の2リーグ制』を提案し、判断をオーナー会議へ委ねる」という根来の考えが明らかになった。

渡邉と根来は「5・5の2リーグ論」構想、「1リーグに向かって推進する気はない」とした滝鼻の考えの先には「6・6の2リーグ」もうかがえる。

根来の2リーグ維持の具体像はまだ見えないが、少なくとも渡邉、根来、滝鼻の3人のベクトルが「パ単独5球団」「球界11球団」の奇数編成を避けた「2リーグ」制に向かっていることだけは確実になった。日本シリーズ、オールスターを従来通りに開催できることが理由だ。10球団制か。12球団制か。選択肢はその2つだ。

根来を取材する担当記者は、しばしば地下鉄日比谷駅の改札口で待ち構えた。電車がすいていれば、つかの間の車中直接取材ができる。根来はハイヤーを断り、地下鉄を愛用した。産経新聞の佐藤正弘も車中取材組の1人だった。

「地下鉄で隣に座った時、根来さんが〝どうもうまくいかん〟と言いながら、内ポケットから出した手帳を見せるわけでもなく見入っていた。細かい時期は忘れたが、5球団でリーグ戦をやるとどうなるか、そこに交流戦を混ぜると日程がうまく組めるか。そんなことをぶつぶつ言いながら球団名と球場を細かな何本もの点線や実線で結んだ図面を眺めていた」

根来が5球団によるリーグ戦実施の可能性を探っていたことを裏付ける目撃談である。

8月には「もう1組」の焦点「ホークス」の親会社・ダイエーと産業再生機構活用を迫る主力行との対立が激化した。

ダイエーは7月30日、新再建計画を主力行（ＵＦＪ、三井住友、みずほ）へ提出した。３行へ債権放棄２５００億円を含む総額３６００億円の金融支援を求め、グループ30社の整理・売却計画を中心とした自力再建プランだった。３度目の金融支援要請である。

２月期単独決算では経常利益１６５億円（前期比14％増）でダイエーの連結有利子負債は１兆７０００億円となった。第２次騒動の際に主力行とまとめた「新３か年計画」最終年度の05年２月期の負債目標額９０００億円台達成を確実にするための支援要請だった。

主力行の目は厳しかった。資産売却などで負債削減は進んだが、本業のスーパーの店舗改造費用などに費やした１８０億円は、ライバル２社の３分の１程度。店舗の見劣りが客離れにつながっており、本業の小売業を立て直す材料は乏しかった。

「以前から申し上げているように先送り型の計画では何ら問題解決にならない。問題を逆に大きくする。透明性が高く、市場が評価する再建計画が必要だ」。金融担当相の竹中平蔵が８月３日の定例会見で発言した。

先送り型とは、経営難の企業が資産を切り売りして延命を図る一方で、本業の立て直しが遅れることを指す。名指しは避けても、竹中がダイエーの再建計画案を批判したのは明らかだ。

５日夜、三井住友の頭取・西川善文が「主力3行は産業再生機構を利用することで一致している」と話し、６日朝にも再び「中途半端な計画よりも短期、確実な再生プランをマーケットは求めている。再生機構はそのための有力な選択肢」と追い打ちをかけた。

第1章で述べたように、再生機構が問題企業の支援を決めると、主力行の貸出債権は要管理債権から正常債権へ格上げされる。大手行の不良債権比率を05年3月末に半減させる政府目標も達成可能となるため、機構の支援決定は政財官界にメリットがある。主力行以外の金融機関の貸出債権を機構が買い取る期限は05年3月末までと決まっていた。

一般に支援要請から決定までには機構の厳格な資産査定、主力行と機構による問題企業再生プラン作成などで7か月とされる。巨大産業ダイエーがその期間におさまる確証はなく、要請遅れは時間切れと直結する。買い取り期限から逆算すると「ダイエーの要請期限は遅くとも8月末」が各界の共通認識だった。

不良債権比率引き下げが大目標の主力行は、ダイエー再建には再生機構活用が不可欠なことで合意し、10日、ＵＦＪ幹部が代表してダイエーの社長高木邦夫へ機構活用を強く訴えた。

しかし高木は「自主再建のため練り直し中の独自案を優先して考える」と拒否、記者団にも「機構活用の考えはない。球団は継続保有する」と明言した。

30日夜、高木は「05年2月期に現行の新3か年計画がいったん終わる。改めて産業再生法による再建計画を経産省に提出する。それで透明性は高まる」と再生機構活用の拒否を明らかにした。再生法は事業再編に伴い不動産取得税の軽減措置や株主総会簡略化などのメリットがあった。

高木らは再生機構に支援要請すると、全国展開の店舗がばらばらに解体されてライバル企業に渡り、多くの従業員が職を失うことを恐れた。また、機構の活用はダイエーを支えてきた経産省、政策投資銀行、従業員組合など利害関係者の期待に背くことでもあり、高木は「民間のことは民間で」と言い続けた。

こうして第三次ダイエー騒動が、球界と選手会の対立激化、渡邉の突然のオーナー辞任という球界の混乱期に発生した。

ダイエーの再生機構活用を強く望んでいたのが竹中と西川である。

再生機構と距離を置く大手行首脳の中で、西川は再生機構を最初から巧みに活用した。再生機構社長だった斉藤惇がのちにその理由を明らかにしている。

「斉藤君の所には優秀な人がいっぱいいるんだよな」と西川が声をかけ「国のカネで働いている人たちだよな」「だったら俺、使うわ。コストセーブになる」と「活用の口火を切ってくれた」（「週刊東洋経済」２０１８年1月20日号）。

斉藤は西川を「プラグマティック」と評する。自行で弁護士や公認会計士を大量に雇い再生に取り組めば多額の経費がかかる。「機構を利用すればタダになる。ならば使わない手はない、と考えた」と斉藤は語る。

実際に三井住友が主力行だった三井鉱山やカネボウは、機構発足初年度に機構へ支援要請した。斉藤が「口火を切ってくれた」と言うゆえんである。西川は竹中の言葉を『ザ・ラストバンカー　西川善文回顧録』（講談社、２０１１年）で述べている。

「ダイエーは今や日本の不良債権の象徴的な存在になっています。だからなんとしても産業再生機構に持ち込みたい。産業再生機構に持ち込まれて処理されれば、日本の不良債権問題に決着をつけたことになるのです。西川さん、高木社長を説得してもらえませんか」

渡邉もダイエー、再生機構にかけた竹中の意気込みを直接聞いている。

オリックスと近鉄の統合が水面下で進行中の時期に渡邉が、球界の将来のため改革が必要と竹中へ話すと「オリックスの宮内さんと会ってくれませんか」と即答したという。
「プロ野球が再編されれば、国民にわかりやすい形で小泉政権の看板である構造改革の効果をアピールできるから、再編を進めてほしいという意味だった」と竹中の意図を渡邉は分析し、自著『君命も受けざる所あり』（日本経済新聞出版、２００７年）で紹介している。
いずれも、不良債権の象徴とされたダイエー問題を再生機構に処理させたい竹中の強い意欲をうかがわせる話だ。ダイエーはこうして政財官界の思惑に巻き込まれ、機構活用か自力再建か、球団の扱いを含めた難題の解決を迫られることになる。

オーナー代行高塚の深謀遠慮

この構図へホークス球団オーナー代行の高塚猛が深謀をめぐらせた末に割りこみ、8月31日、パ会長の小池へ耳よりな情報を提供した。

高塚「ダイエーは再生機構に支援要請せざるを得ない状況に追い込まれている。高木さんは球団を保有すると言ってきたが今はその気持ちが揺らいでいる。しかし最大のネックは熱狂的な地元福岡のファンの感情だ。球団を手ばなすとなれば、直ちにスーパーの商品不買運動に発展する恐れがある。これさえ防げばなんとかなる」

小池「ありがたい話だ。パは9月8日のオーナー会議を前に大変な窮地に追い込まれている。なんとかダイエーが一肌脱いでくれないだろうか」

高塚「球団を福岡へ残したいというファンの感情は無視できない。パの球団からダイエーあてに要望書を出してくれたら事態は前へ進むと思う」

小池「それは重要なヒントだ。できるだけ早く臨時理事会を開いて対応したい」

　再現した会話は臨時理事会開催を通知する際に小池が各球団幹部へ説明した内容を、ある球団幹部がメモしたものだ。高塚はダイエー本社、球団、コロニー傘下の球場とホテルを経営するホークスタウンとは無関係に独断で行動した。

　パの窮状打開に小池はすぐ動いた。各球団の代表や幹部に次々に電話して、2日の臨時理事会開催を取り付けた。

　高塚はオーナー代行に加え4月からコロニー傘下のホークスタウンと出版社「ダイヤモンド社」社長を兼務していた。しかし、球団社長時代のコロニーに対する敵対的な言動や粉飾を思わせる経理操作がしだいに明らかになり、コロニー側が「査問」のような厳しい調査を進めていた。部下に対するハラスメント疑惑の内部調査も本格化した。井口との〝密約〟（第2章）がダイエー本社、コロニー側に発覚するのも時間の問題で、苦しい状況に追い込まれていた。

　オーナー代行として出席してきた実行委員会は球団代表の佐藤賢二が毎回出席するようになって、出番はなくなった。1月末のオーナー会議にオーナー代行として出席したあと高塚は、小池も含め球界とは没交渉だった。

　オーナー会議直前の9月6日に発売された「週刊ダイヤモンド」（9月11日号）は、日韓両国にまたがるロッテグループの充実ぶりを創業者・重光武雄が縦横に語る「総資産なんと三兆円！知られざる巨大財閥ロッテの全貌」なる特集に14ページを費やした。「『生きる伝説』が初めて語るロッテ創業五六年の自叙伝」の大見出しで「社歴」「ホテル・百貨店」「菓子事業」を重光が語り、ロッテの好感度アップに大きく資する内容だった。

最後はロッテが構想中の葛西テーマパークに触れて、9月8日のオーナー会議で提示されるであろうもう1組はロッテとダイエーの組み合わせが濃厚としたうえで、「そうなれば、ロッテが球団だけでなく、福岡ドーム、ホテルも合わせた『福岡三点セット』を丸ごと買収することもありえない話ではない」「福岡は地理的に韓国に近く、福岡ドームやホテルがあるホークスタウンには開発余地が残されている。話題は尽きることがない」と締めくくっていた。

最終ページの「From Editors」欄では編集長が「球界再編の行方もこの人物にかかっている。いまやこんなすさまじいエネルギーを発する経営者はほとんどいない」と重光に最大限の賛辞を贈った。

高塚はロッテ代表瀬戸山隆三への電話で合併を提案し、「オーナーはロッテから出し、代行には私が就く。この案を上層部へ伝えてほしい」と野望を語ったことがある。上層部とは、球団オーナー重光武雄、武雄の次男でオーナー代行の重光昭夫、球団社長の濱本英輔の3人である。

高塚はこの特集記事をテコにして総帥重光を動かし、一気に局面打開を狙ったのではないか。そうした憶測を招く特集記事のタイミングだった。

9月30日にホークスタウン社長を解任された高塚は10月3日、朝日のインタビューに次のように語り、なお健在ぶりを示そうとした。

「(近鉄・オリックスの合併表面化後の7、8月ごろ西武やロッテと)合併を話し合った。ダイエーは球団を保有すると言っており、それは信じるが、万一球団が福岡を離れるとホークスは回復不能の危機になる。球団を九州に残すため合併先を探るのも経営者の務め」

そのわずか3週間後の25日、部下の女性社員にハラスメントを繰り返したとして、高塚は逮捕される。のちに懲役3年、執行猶予5年が確定した。ロッテと合併しオーナー代行への就任を画策した高塚の野望は潰え、球史に大きな汚点が残った。

高塚は、球団役員に就任するや、球団のロゴマークを無料開放し、デパートや地元商店街を巻き込んで商品の割引セールをする、〝勝ったら企画〟を展開するなど斬新な手法で球界をあっと言わせた。自前の球場、ホテル、球団を結んだ三位一体営業を編み出し、球界に新風を吹き込んだ手法は各球団がいまも参考にする。部下からも一時は「天才的営業マン」として信頼された。球史に大きな〝功労〟を刻んだことも間違いないだけに残念である。

パ4球団の〝連判状〟と方針転換

時計の針を戻したい。1リーグ10球団の最終ラインとされるオーナー会議が1週間後に迫る9月1日、根来は改めて「来季セ6、パ4となっても、リーグ戦運営について複数の選択肢を提案する」と明言した。

パ会長の小池も根来発言に便乗した。

「コミッショナーはパが4球団になっても2リーグでやることを提案したいとのことで、交流試合も念頭にいくつかの案が提示されるでしょう。パだけで1リーグというわけにはいかない。コミッショナーの線に沿って明日の緊急理事会で協議します」

ロッテ瀬戸山は「10球団になったときに最適な方法を考えれば良い」と語った。これまで瀬戸山やオーナー代行の重光は「5球団ではパのリーグ戦は成り立たない」と1リーグ実現を強く主張しており、姿勢の変化は明らかだ。

西武の星野好男も「交流戦で魅力あるカードが増えれば」と微妙なニュアンスで2リーグ制を理解する姿勢を見せた。

「もう1組」の火付け役の堤は8月31日、都内で結婚披露宴に出席後、「1リーグ？ そういう話を飲んだ後でやる（質問する）のはフェアじゃない。オーナー会議は出席します」と語った。同夜、堤のオーナー会議出席を聞いた渡邉は「進展がなければ出てこないだろう。進展があるのかな。もう1組でも2リーグ。多少は組み合わせが違ってくるが」と語った。

9月2日のパ臨時理事会は3時間に及んだ。終了後、小池は「ぜひもう1組を実現し経営改善を図る。各オーナーの英断を待ちたいと皆さんからお伝え願った」と厳しい表情で語った。

理事会招集に先立ち、小池の指示でパ事務局は「要望の件」と題した文書を作成した。あて先はダイエー球団社長高橋廣幸、ロッテ球団社長濱本英輔。差出人は会長小池と西武星野、近鉄小林、オリックス小泉隆司、日本ハム小嶋武士が名を連ねた。

「オリックス・近鉄に続きもう1組の合併を行い4チームとし、セと協調して球界全体の再編を目指すなか、パ4球団はダイエー、ロッテの早期合併を望んでいます。諸事情あることは承知していますが、パ・リーグあるいは球界全体の明日へ向けた発展のために、ご英断をここに要望する次第です」

〝連判状〟を思わせる文書はパ事務局長の村田繁が作成した。「要望書を出してくれれば進むと思う」――高塚の小池へのつぶやきが連判状に直結した。

渡邉節炸裂「巨人パに移動も」

「巨人、パに行ってもいい」「5球団ずつなら2リーグ維持も」。9月3日の毎日新聞朝刊は、同紙編集局長・観堂義憲による前巨人オーナー渡邉の単独インタビューを1面トップ、25面全面を費やして伝えた。渡邉の発想が再び球界と世間を驚愕させた。

3面は解説と関連記事。「僕が根来さんを引っ張ったことはないが、引っ張られたことは何度かある」と渡邉が重要かつ微妙な問題で根来と協議したことを示唆した発言も紹介した。

「10球団1リーグ」実現の牽引役とされた渡邉が「俺が1リーグ論者というのは迷信だ」と語ったことに観堂が興味を持ち「本音を知りたい」と直接取材を申し入れた。面識はなかったが、数日後に主筆室でインタビューが実現、NPB担当記者の冨重圭以子が同席した。

インタビューは「球界再編」「選手会と経営の関係」「オーナー辞任の経緯」「たかが選手発言」「視聴率の低下」と多岐にわたる。ここでは、核心部分の「球界再編」で渡邉が語った、巨人軍のパ移籍論を紹介する。

渡邉は、9月8日のオーナー会議で「合併は承認される」、「もう1組はダイエー・ロッテと思うがライオンズとどこかの合併もある」と見通しを示し、「7月16日に政治部OBの集まりで小池さんと会ったときに〝2リーグだよ〟と言った。何も最近になって（2リーグ論へ）変わったわけじゃない」と語った。

観堂が一番聞きたいのは、各紙が報じた渡邉発言「5・5の2リーグ論」の本気度である。6・4ならば1リーグとオーナー会議で述べた渡邉が「5・5」へ変わった理由はなにか。

「単純に考えて10球団が8球団とかになったら2リーグは難しいと思ったけど、知らんこともあったんでね。１リーグはセパの連盟事務局をリストラしなきゃならない。半分ぐらいね。経費節減になるけど、そうなれば退職金を出さなければいけないが退職引当金を積んでいない」

５・５の２リーグ制では、双方に試合ができない１球団が毎日出る。そこでセパの公式戦開催中に、休んだ球団同士が同時並行で交流戦を行う私案を渡邉は披露した。

「試合数はリーグ内の公式戦１２２、交流戦が20。そういう計算ができる。20が少なければ40でもいい。僕は球界外の人間だから、球団オーナーが考えればよい。６と５の時は２リーグのままと最初から言っている」

それならば「セ６・パ４」が実現した先が「５・５」なのか。観堂は畳みかけた。

「ワンモアペア。堤さんの爆弾発言でそういうものが出てくれれば、２リーグはやっぱり無理と思ったけど」。これは「パが４球団になれば10球団１リーグ」と同じ意味だ。

もう１組の実現で４球団となるパへ、セの６球団から１球団が移ることが５・５の２リーグの条件だ。いったいどこが移るのか。

「セからどっかの球団がパの方に行ってもらうことになる。どこも行かんことになればね。言い出しっぺだから巨人の移籍もあるでしょう。仮定の結論だけど」

そうなればセは大混乱に陥るだろう。各球団とも巨人戦の放映権料は大きな財源で、巨人がパへ移れば収入減少は確実だ。かといって自ら移る球団はまずない。秘策はあるのか。

「セは反巨人連合を作った。巨人を排斥しておいて出ていくなという理由はない。野球協約、日本野球機構定款、セパの連盟規約あらゆるものを調べたがどこにもない。協約上、連盟間の移動を禁止する条項はない」、渡邉は自信満々に言い切った。

手垢がつき、しおりを挟んだページにはぎっしり赤線を引いた野球協約を手に語る渡邉を「協約を実に深く読み込んでいるな」と観堂は思った。

新・2リーグ論の危うさ

渡邉は「協約上、連盟間の移動を禁じる条項はない」と正当性を強調したが、実は両リーグの連盟規約には「球団の加盟脱退及び除名に関する予備行為」を理事会で審議する決まりがある。解釈しだいだが、5・5の2リーグ構想実現の危うさにもつながる条文だ。

セの連盟規約第3章11条は、会長が毎月1回、各球団が選んだ連盟理事を集めて審議する事項を次のように定める。

11条3　この連盟の全所属球団に利害を及ぼす事項
11条4　この連盟の対外的重大事項及びこの連盟の基礎に重大な影響のある事項
11条6　セントラル野球連盟への加盟脱退及び除名に関する予備行為
12条　会長が緊急の要ありと認めた時に限り、随時随所に理事会を招集する
16条　議決は多数決によるが、特別の場合は全員の賛成を要する
17条　特定の球団の利害のみに関するときは、その球団理事は議決権を行使しない

パの連盟規約も16条「審議事項」の中にセの11条6と全く同じ文言がある。理事と実行委員出席者はほぼ重なる。理事会は主にリーグとしての統一見解などをまとめるため

に開かれる。いうなれば、実行委の下部機関である。

リーグ間移動はセ規約11、12、16、17各条とパ規約16条、さらに野球協約17条の審議事項４の「この組織の参加資格の取得、変更（中略）にかんする事項」の対象となるかもしれない。移動の可否を理事会が規約に基づいて実行委員会やオーナー会議に委ねれば、巨人歓迎のパ、残留させたいセと票は二分され４分の３以上の賛成が得られない可能性は高い。

仮に議決されて５・５の２リーグが誕生しても、日程編成上の分厚い壁がある。

渡邉案の５球団総当たり１２２試合は年間30試合と31試合が混在する不平等の日程しか組めない。１２０試合の間違いだ。公式戦は火—木、金—日の３連戦を中心として編成される。セパがそれぞれ１週間に４カード、12試合を行えば、25週でリーグ内の全試合を消化できる。

交流戦は両リーグ５球団が４試合総当たりで20試合を戦い計１００試合。各カードともホームとロードでそれぞれ２試合となる。リーグ内の試合をはみ出した球団の対戦だから１日１試合、週４試合しか行えない。したがって交流戦も25週で収まる計算だ。

この方式ならばリーグ内の対戦85・７％、交流戦14・３％で両リーグの独立性はある程度保たれ、オールスター戦、日本シリーズも行うことが可能だ。突如として浮上した５・５の２リーグ構想のミソはここにあり、理論的根拠でもあるのだろう。

プロ野球の日程編成の基本は３月最後の金曜からの３連戦で開幕し、夏場のオールスター戦で４～７日間の公式戦停止期間を含めて９月末閉幕、10月中旬以降の土日から日本シリーズ開幕である。10月１日から日本シリーズ開幕前までの期間は雨天中止試合の消化に充てられる。４～９月の日数１８３日間はほぼ26週であり、５・５の２リーグも日程上は従来と同じに３月末開幕から10月末日本シリーズ終了。数字上はこうした計算ができる。

しかし５・５の２リーグには日程編成上の致命的な欠陥がある。リーグ内公式戦とセパ交流戦が最終盤に差し掛かる時期に編成する雨天中止試合で、リーグ内公式戦と交流戦のどちらを優先して試合消化日程を組むかである。

公式戦を優先すれば、最後に組み込まれた交流戦の球団同士が日本シリーズに出場する可能性は捨てきれず、その新鮮味は乏しくなる。交流戦を優先消化した場合でも、混戦状態の最終盤の優勝争いが交流戦によって直接左右されるなど、想定外の事態が起こり得る。


観堂のインタビューに同席した冨重は、渡邉の発言を「規約の不備をついた強行突破」「協約に書いていないことを実行していいという考えは〝空白の一日〟を利用した江川事件を思い起こさせる」「協約の字面ではなく精神を尊重しなければならない」と酷評した。

江川事件とは１９７８年11月22日のドラフト会議開催前日に発生した大トラブルのことだ。当時は１年後のドラフト会議前々日までを指名選手の獲得期限とした。百年に一人の逸材とされた江川卓の指名権は10月に誕生したばかりの西武ライオンズにあった。江川を指名した「クラウンライターライオンズ」が経営難から西武鉄道グループへ身売りしたからだ。巨人を熱望した江川は西武に入団拒否を伝え、21日午前零時、西武の権利は消滅した。

９時間後に巨人が江川との契約を発表した。

巨人は①西武の江川との交渉権は21日午前零時に失効した、②したがってドラフト当日までの24時間の契約は自由である、③ドラフト対象は「日本の中、高、大学に在学中のプロ球団と未契約選手」であり、法政大学卒の江川はドラフト対象外選手である——と理屈を積み立てて契約を正当化した。江川は南カリフォルニア大へ留学中だった。

江川と巨人の契約を実行委が却下し、巨人は翌日のドラフト会議を欠席した。ドラフトで4球団が江川を1位指名し、抽選の結果、阪神が交渉権を獲得した。その後、大揉めの末に、コミッショナーの「強い要望」によって江川は阪神と契約、のちに巨人のエース小林繁と阪神・江川の交換トレードが成立した。これが山あり谷ありの江川事件の簡単な経過だ。

江川獲得は巨人フロントが顧問弁護士と相談、さらに江川の後見人である自民党代議士船田中の秘書が内閣法制局長官の見解を聞いたうえで強引な契約に踏み切ったとされる。

船田中と親しいため事後処理を託されたのが編集局総務だった渡邉である。渡邉は「『空白の一日』という盲点を突いた後、（中略）江川の巨人入団が発表されるや、ごうごうたる非難を浴び」（『渡邉恒雄回顧録』中央公論新社、２０００年）たと当時を振り返る。

それから26年。江川事件で「盲点を突いた」と巨人を批判した渡邉ではあるが、今度は自らのパ移籍論が江川事件と同じと指弾された。巨人のパ移籍論を江川事件と重ねた冨重の指摘は多くの野球ファンや一般社会の共感を呼んだはずだ。

渡邉、根来、小池の発言一致は偶然か

8月27日の根来発言以来の5・5の2リーグ論は、渡邉の「巨人のパ移籍案」で一応は決着した。渡邉、根来、小池の発言一致は偶然なのか。あるいは見えない「線」があったのか。新聞やテレビが伝えた12の「点」とその間に埋もれていた事実を合わせて検証してみる。

7月16日夜、小泉純一郎との会合後に小池は「総理は野球好きで6割は野球の話。総理退出後、渡邉さんと約30分話した。阪神の話はなかったが、今後は様々な議論が出るでしょう」と語った。その約10時間前（16日午前中）、阪神野崎が広島市民球場で球団首脳部と会談中、巨人上層部が「パが4球団になれば巨人がパへ移っても良い」と電話した。午後、甲子園での中日首脳との会談で巨人上層部からの電話が話題になる。野崎は阪神球団の役員会に電話の件を報告した。

複数の人間が事実を知れば、遅かれ早かれ必ず情報は漏れる。

23日、スポニチが「巨人　パ・リーグ!!」「渡邉仰天」「セ5球団と真っ向対決」と1面を埋めて伝えた。「こうしたセの〝反乱〟に渡邉オーナーは究極の選択を用意している」、「パが4球団になれば、そこに加わってもいいと考えている。すでにパ側に耳打ちしている。球界関係者が打ち明けた」――スポニチは根拠を何とも微妙な表現にとどめた。語ったのは誰か。具体名はない。

この日、野崎は横浜、ヤクルト両球団社長、代表と同時会談し「2リーグ維持」で合意した後に巨人を訪問した。巨人は「反巨人連合は遺憾だ」と激しく反発した。

渡邉「こっちにも考えがある」→小池「渡邉さんと話した。これから様々な動きが出るでしょう」→「巨人パ・リーグ」「渡邉仰天案」と1本の線がかすかに見える。しかし、スポニチの報道はこの日だけで、他紙の追随もなく記事の信憑性は不明だった。

この記事を「スクープ」だったと証明したのは、渡邉構想を毎日が明らかにしたあとの小池の発言だった。小池は小泉純一郎と政治部記者ＯＢの懇談会が行われた7月16日、会の終了後に渡邉と2人だけで30分会話したことを認め、「渡邉さんは野球の話はしなかった」と答えていた。今度はその内容を具体的に語ったのである。

「パが4球団の前提で話をした。5・5でやれば4球団で2試合できるし、残った1チーム同士で交流試合をやれば日程編成はスムーズだ。興行的にもフレッシュでプロ野球の活性化につながるという考えだった。なるほど、そういう考えもあるかと拝聴した」（「日刊」9月4日）

小池の〝告白〟から8月31日以降に続いたパの連判状作成や緊急理事会、急激な2リーグ転換論の出発点がようやくはっきりした1本の線で結ばれた。

それでも根来、渡邉と続いた「5・5の2リーグ論」の〝接点〟はまだ見えない。毎日新聞の

「僕が根来さんを引っ張ったことはないが、引っ張られたことは何度かある」との渡邉発言は何を意味したか。手がかりは堤の「もう1組」が出て、報道が一気に1リーグ実現へ傾いた7月8日のスポーツ報知のコラム「記者の目」にあった。

「これまで、根来コミッショナーは性急な1リーグ移行に警戒感を抱いていた。10球団での運営ということになれば、単純に１４０人のプレーヤーがあぶれることになる。選手は他球団が救済するとしても、それが一時的なものにならない保証はない」

「球団職員など、他にも多くの人間が影響を受ける。さらに、1リーグ制移行は50年の歴史を持つセ、パ両リーグの消滅を意味する。事務局員、審判、記録員……失業、再雇用など、多くの問題を抱えることに、現実主義者のコミッショナーは警戒感を持っていた」

根来がオーナー会議前から、1リーグ制移行ならば連盟職員や審判の失業、再雇用や１４０人に膨れる余剰選手への対応に危機感を持ち、記者たちに発言していたことの裏付けである。

報知は、9月4日付の紙面で根来の別の発言を伝えている。

「私は渡邉さんに『1リーグにウンとは言えない』と言ってある。セ、パを解散すれば職員はど

うなる。予告解雇となれば退職金は何倍にもなるし、そんな財源は機構にはない。『球団が面倒見てくれるのか』と聞いたら『それはどうかな』と言っておられたね」

　これは毎日の渡邉インタビューに対する根来の感想だ。

　報知の筆者はいずれも〝根来番〟記者の名取広紀である。名取は近鉄・オリックス問題が表面化した6月13日以降、根来が自宅を出て徒歩で地下鉄へ向かうわずか数分、毎朝歩きながら言葉を交わし、別れてすぐにメモした。あいさつ程度が多かったが、協約上の不備、実行委やオーナー会議の対応を批判するとき、根来は立ち止まり数分間も熱弁をふるった。日々の雑談が7月8日、9月4日のタイムリーな記事として実った。

　名取の記事は、渡邉が語った「何度か根来さんに引っ張られた」やり取りを裏付ける貴重なデータであり、根来・渡邉を結ぶ線も浮かんできた。

では、根来の影響で渡邉が2リーグ制へと〝変心〟したのはいつか。小池へ語った7月16日以前であることは間違いがない。渡邉は9日に「読売七日会・都内連合読売会都内総会」で「1リーグ制でセパ交流戦が実施できる」と語っており、ここまでは1リーグ論者である。

とすれば、10日〜15日の間に根来から職員リストラに対応する財源不足を指摘されて「2リーグ構想」を考え出した可能性が浮かび上がる。

　数々の「点」と「線」によって早い段階から渡邉と根来、渡邉と小池は5・5の2リーグ構想を共通認識として持っていたと推測はできる。ただし、これはあくまでもセ6、パ4が実現したあとの対応である。

　根来と小池は立場上、いつでも意見交換できる。小池は古くからの知人として、渡邉インタビューの発言内容を事前に知ることも可能だろう。実際に渡邉のオーナー辞任が明らかになった8月13日も「先日（6、7日）に静養先の軽井沢で渡邉オーナーと会い、退任の話を聞いた。相当ストレスが溜まっているようだった」と事前に聞いていたことを語っている。

唐突に決まったパの臨時理事会、「コミッショナー提言は重い」「パだけが1リーグと主張しても始まらない」などと根来と歩調を合わせた小池の発言も、渡邉の「5・5の2リーグ論」インタビューが違和感なく受け止められるように先導役を果たしたのではないか。推測に過ぎないが3人の発言の「点」と「線」を追うとそう思えてならない。

運命の9月6日

「1リーグ10球団」のデッドラインとされた9月8日を2日後に控えた6日、選手会は午前10時から神戸のホテルで臨時運営委員会、ＮＰＢの実行委員会は午後1時から東京で始まった。

2つの会議に対するマスコミの関心の高さは朝刊のテレビ欄が雄弁に示している。ＮＨＫは午後7時の「ニュース7」トップに「新たな球団合併は？　スト決行か？　議論大詰め」と会議の模様を伝える予告をした。

ＴＢＳは午後10時54分からのニュース番組が「プロ野球よどこへ行く。合併再編の終着点は？」「巨人はパへ？」、フジテレビは深夜のニュース番組が「巨人パ移籍発言で球界激震」、テレビ朝日も夕刻に「プロ野球合併問題はどう動く？　選手会がスト決断か？」、夜も「史上初のスト決定か？　結局どうなるプロ野球」と選手会のストにフォーカスした番組を組んだ。日本テレビは深夜に「大詰め！　野球合併問題」と地味な予告だった。

選手会は古田のもと近鉄磯部《いそべ》公一、オリックス三輪隆ら全球団の選手会長、副会長が集結し熱気は上がった。

球団消滅を避けたい磯部は「無期限ストをやる気持ちだ。なんとかチームを残すため協力してもらいたい。みんなで決めたことに従う」、三輪は「なぜオリックスと近鉄が合併しようとするのか。新しく参加したい企業や団体が出やすい状況を目指したい」と加盟料に言及した。

「NPB側が何を認めたらストを辞めるかを決めたい。無期限ストをしても合併は進むと思う。それならば新規参入を12球団で訴えてはどうか」（ダイエー・松中信彦）、「全員の意見一致は難しいから内容や落としどころをはっきりさせてストをうつべきだ」（巨人・高橋由伸）、「無期限という声はない。期間を決めながら様子を見る意見が強い」（中日・井端弘和）など様々な意見が出た。

長い会議は午後3時、「合併が1年間凍結されなければ9月11日（土）を起点に9月中の土日6日間30試合を対象とする波状スト決行」を決めて終わった。NPBの回答期限を10日午後5時とした。ストの対象試合はセが18、パが12である。ストに限ればパよりもセが打撃を受ける。波状ストは、スト突入後も次の土日までの間に交渉できるという理由で選んだ。スト突入を決めた際に一刻も早くファームへ連絡する責任者を各球団で置く即応体制作りも決まった。

NPB側も、東京のホテルで実行委員会を開催、両球団の合併を審議し当事者球団を除外したうえで両リーグ会長が加わって採決した。広島は採決を棄権し11対0で合併を承認した。最終決定は8日のオーナー会議である。

会議中に選手会臨時運営委員会の決議内容がファックスで送られてきた。

「両球団の統合を1年凍結し、その間に是非や新規参入の条件緩和、ドラフト改革や収益分配の具体策検討や協議、交渉を行う」として回答期限、スト日程を明示した、コミッショナー根来、オーナー会議議長滝鼻、実行委議長豊蔵宛のスト通告だった。

選手会は「なぜ赤字球団を引き取ろうという意思を表明している企業に売らないのか」「統合後の労働条件交渉のためにも合併1年凍結が不可欠であり、命名権売却の資金調達方法もあることを考えれば、大阪近鉄に無理を強いるものでない」と理由をあげていた。

次第に先鋭化する選手会の合併拒否・延期論と両球団の統合承認を譲らないNPB。双方がこれまでの主張を最終確認する日とあってマスコミは最大のヤマ場と捉えていた。単線の上を右から左へ選手会、左から右へNPB。その先には両者の激突しかない。

報知スクープに球界揺れる

選手会スト設定の大報道が各紙を埋める中、報知は「機密文書あった」「外資に実質経営権」と例の外資・ダイエー極秘契約（第2章）を7日付紙面の1面トップで伝えた。

報知はコロニー・キャピタル傘下のホークスタウンとホークス球団が結んだ契約書を6日に入手、内容を分析し、03年10月にダイエー本社がオーナー会議へ提出した確認書や野球協約に違反する恐れがあると、次のように具体的に指摘した。

◇単純に言えば球場の所有者が実質的な球団経営を握る

◇チーム編成、選手査定、試合日程の決定後、球団から球場所有者へ通知義務がある

◇球団は球場所有者の承諾なしに移転した場合に厳しい罰則規定がある

などから「球団に帰属する興行権を放棄する不平等契約」で合併交渉の阻害要因となると指摘

した。確かにその通りだが、野球協約の解釈いかんで合併促進の要因ともなる。

報知は、さらにオーナーの中内から「契約書の存在は5月まで知らなかった」と聞き出し、複数のオーナーが「明日の会議で議論するだろう」と問題視したことを明らかにした。

興行権が外資に移ったと判断されたらどんな影響が出るだろう。ホークス球団存続が認められた03年10月のオーナー会議でダイエーは「オーナー中内と球団社長高塚の地位を変更せず、2人を中心に球団の編成、興行を行う」と約束した。

高塚は社長を辞任したがオーナー代行を続けることで辛うじて確認書違反の状態を切り抜けた。しかし、今回は興行権を外資へ丸投げしたことが明らかになったのである。

そうなれば選手は野球協約57条「連盟の応急措置」、57条2「選手の救済措置」の対象となるが、斡旋失敗などで選手をはじめ監督、コーチらの所属が宙に浮いた場合は選手を「ウエイバー」の対象にすると協約57条にある。

ウエイバーとは一般に「権利の放棄」のことで、野球協約上は次の規定がある。

１１５条（ウエイバーの公示）　球団が参稼期間中その支配下選手の契約を解除しようとする場合、球団はあらかじめ所属連盟会長へその選手との選手契約を放棄し、その選手の保有を希望する球団に選手契約を譲り渡したい旨のウエイバー公示手続きを申請しなければならない。

要は契約期間中の選手との契約を球団が放棄する場合は、コミッショナーが全球団に選手名を通知し、獲得希望球団を調べるということだ。複数球団が名乗りを上げれば、選手が属した連盟が優先され、同じ連盟内で多数球団が希望すれば勝率の逆順優先などの細かな規定（１１９条）もある。

今回、報知が明らかにした契約をもとに、オーナー会議がホークス球団の「資格喪失」を認定すれば、優秀な選手を巡る激しい争奪戦が起こるか、ある球団が多数の選手を確保して戦力強化を図るなどで事実上のパ４球団が実現しやすくなるとの見方もできる。では、球団消滅により発生する巨額賠償金はどうなるか。大混乱の球界ではそれを検討する余力さえなかった。

朝日は選手会の動きを「選手会が設定、９月の30試合」「プロ野球『土日スト』」と１面で大きく扱い、日刊も「毎週土日スト　日本シリーズ消滅も辞さず」と見出しを付けた。

ロッテ球団社長の濱本、オーナー代行の重光昭夫は西武の堤と会談後に読売新聞社を訪れるなど慌ただしく動いた。堤は退社時に殺到する報道陣に「重光さんとはリーグ運営の話をしただけで、ロッテとうちが合併することはない」と語った。「もう１組」を問われると「記者会見ではない」と答え車に乗り込んだ。

瀬戸山には忘れられない記憶がある。７月のオーナー会議が終わり、かなり時間が経ったころで、まだ暑い時期だったことは確かだが、日時は不明という。

濱本と２人でプリンスホテル社長・西武オーナー代行の山口弘毅を訪ねた。濱本は「ダイエーとの話がまだうまく進まなくて弱っている」と悲観的な見通しを示した。山口は「それではロッテと西武でどうですか」と言い出した。濱本は「持ち帰ります」と即答した。

2人は帰社すると総帥の重光武雄に山口の提案を紹介した。今度は重光が「西武はだめだ。堤とは組まない」と即答した。「わずか2、3秒、表情も変えずに言いました。質問の余地もなくそれで終わりでした」。束の間の西武・ロッテ合併話は濱本が直接出向いて断った。

瀬戸山の記憶にある山口とのやりとりは濱本、重光の堤訪問の直前のことなのかもしれない。

巨人の滝鼻は初のオーナー会議を前に、各球団がどう臨むか思いを巡らせていた。実行委が両球団の合併を承認した。根来とは「合併は今回のオーナー会議で決着させる」暗黙の合意があった。気がかりは中日オーナーの白井が数日前、「あれこれ考えている。承認しないかもしれない」と迷う胸中を滝鼻へ打ち明けたことだ。

関係者がそれぞれ明日に迫ったオーナー会議に備える中、これまでどの記録でも触れられていない動きが東京・大手町で始まっていた。

第6章　「新規参入」20年目の新事実

読売新聞グループ本社法務部

「今季後半から来季にかけて何が起きるのか、まったく分からない危機感があった」

「状況を変えるにはどこかが参入表明して、パが6に復帰するほか策はないと思った」

選手会が「合併の1年凍結を認めない場合はスト突入」を宣言する一方で、実行委員会が合併を承認した2004年9月6日のことをこう語ったのは、現在の読売グループ本社代表取締役社長、巨人軍オーナー・山口寿一である。

グループ本社社長室法務部はグループ全体の事業計画、外部との訴訟案件、解決に時間を要する難題、内部の不祥事チェックなど全体の危機管理を担当する。04年は山口が社長室次長兼法務部長の要職にあった。

渡邉の指示で02年ごろから東京ドームの外野席を悪用した暴力団や反社会的勢力の実態を調べ、

野球協約１８０条2、３「暴力団の球場入場を防ぐため最大限の努力」、「球場の所有者や管理者へも同様の措置を実行するよう協力を求める」など暴力団排除への球団の努力義務を明記した条文追加に貢献した。社会部時代に法務・検察を担当し、多くの幹部と交流した重層的人脈を存分に活用して、外野席の実態調査から条文追加まで順調に進めた。

　渡邉の辞任を引き起こしたアマ選手への現金供与で巨人軍が最初に報告、相談した先も山口である。渡邉から実態解明を指示された山口が、関係者から事情を聴いて渡邉に報告した。

　グループ全体の危機管理に当たる山口にとって、選手会のスト、延々と続くと見込まれる選手会とＮＰＢ側の正面衝突は何としても避けたい気持ちがあった。

「9月の5日か6日だったと思う。ニュースでプロ野球の今後の展開を流していた。ＮＨＫだと思う。選手会とＮＰＢ側が正反対の動きをして、11日からストになる見通しだと。６日が月曜だからやはり6日かな」

「ライブドアは参入表明していた。実行委は合併を承認する。パは5球団になる。ライブドアと選手会顧問弁護士が親密なことは分かっている。球界のアレルギーを考えればライブドアが入ってもうまく行かない」

　当時はスト支持へ追い風が吹き、ＮＨＫや民放、新聞は選手会を重点的に扱い、ＮＰＢ側の言い分は付け足しのように少し触れるだけのことが多く、選手会の強い発信力に圧倒されたＮＰＢ側は身動きできない状況に追い込まれた。世間が納得するような局面打開の妙案はないか……。

「そこで数分後に井上さんに電話した。ライブドアを拒むことも困難。状況を変えるにはどこか、もう１組が参入の意思を表明してくれて透明度が高い比較審査をする、それ以外に収拾策はないと思った。このままいくと球界の混乱は深まる一方になる。ストが繰り返され取り返しのつかないダメージを受ける」

「そもそもの根本はパの赤字体質にある。球団の赤字体質に耐えられるしっかりしたオーナー企業はないでしょうかと聞いた」

井上とは「井上ビジネスコンサルタンツ」代表取締役社長の井上智治のことで、山口が各方面に持つ重層的な人脈の一人である。社会部記者時代に経済事件の取材を通じて弁護士の井上と知り合い、井上がコンサルタントへ転向したあとも２人の交誼《こうぎ》は続いていた。

「その日だったか翌日に井上さんから電話があり『楽天はどうです』と聞かれた。そこで財務体質を聞いたら、『今のプロ野球のオーナー企業に比べれば間違いなく見劣りする。それでも収益の柱が何本もあるこれからの会社です。経営不振でいきなり会社を手放すことはまずありません。社長の三木谷浩史さんと会いませんか?』と言われた」

楽天の参入決断とハンバーグ

数日後、山口は１人で六本木ヒルズの楽天本社を訪ねた。９月10日ではないか。それが山口の記憶だ。楽天は８月19日に04年６月中間期の連結決算を発表し、営業利益が前年同期比４・１倍の71億４９００万円に達した。前年秋に買収した「旅の窓口」の運営会社やネット証券によって収益が拡大した。旅行サービスを総合化するため、格安航空券卸会社やあおぞら銀行系のカード会社買収計画を進めており、収益の柱が確立しつつあった。

「お昼どきが空いているというので、その時間に着いたら三木谷さんと井上さん、そのほか数人がいた。そこでお昼のハンバーグをいただきながら私は球界の構造を説明した」

山口はパの球団は収入が50億円超、支出は80億円に近いと説明した。巨人の収入は入場料、放映・放送料、スポンサー、グッズのロイヤリティがあるが、東京ドーム内の飲食、物販、看板広告などは球場側の収入で球団とは無関係とも明かした。通説1億円とされる巨人戦の放映料は主催球団の重要収入で、セ球団の経営が安定する大きな要因になっていた。

「巨人戦の放映料がないパのハンデをある程度補うには飲食、物販、看板広告など球場内で生まれる利益を球団がどう取り込むか。うまくできれば赤字幅はある程度圧縮できる」

「参入するなら次に大事なものはなんですか」。突然声が上がった。三木谷だった。

「それは本拠地です。どこに本拠を構えるかで先は変わる」「関西にもう1球団は不可能ではないでしょう」と山口が即答した。関西はセ1、パ3からセ1、パ2を経て、今回新たに近鉄、オリックスの合併でセ1、パ1となることが有力視されていた。

「まだハンバーグを食べ終わらないくらいのタイミングで三木谷さんが『よし、わかった。やろう』と言った。私の目の前ですぐ宮内さんへ電話したら断られていて、規制改革の旗頭なのにしょうがねえな、自分のことになると参入阻害する、とか言っていた」

三木谷の出身地の神戸を本拠地としたい考えを宮内が断った。宮内が断ったため井上が「名古屋はどうか」と対案を出した。しかし、山口は「東京や大阪に次ぐ大都市だが、中日が認めない」と見通しを語り、名古屋を断念、最終的に長野と仙台が候補に上がった、と山口は楽天の参入検討開始から参入決断までの全経過をよどみなく語った。

三木谷はJリーグのサッカーチーム・ヴィッセル神戸の個人オーナーである。02年に神戸市の外郭団体からヴィッセルの経営再建を井上が頼まれ、神戸市の重厚長大産業にあたったが軒並み断られた末に、三木谷が個人としてチームを引き受けた。

チームを持つと、ファンからは食堂やスタジアムの椅子、スタンドの傾斜などさまざまな苦情が寄せられる。「弁当を売ってくれ」とも要求された。

管理者の第三セクターに苦情をつないでも「試合のためにスタジアムを貸しているだけだ」と全く取り合わない。「チームを持つ以上は一体となる球場やスタジアムが必要だ」。三木谷、井上はプロスポーツビジネスの基本を実体験した。三木谷が球界への参入を短時間で決断できたのは「球場内の利益をどう取り込むかがポイント」と山口が指摘した一体運営の大切さと、三木谷、井上の体験が一致したからだ。

井上の記憶は山口の説明とやや異なる。

９月６日よりも前の段階で山口から「どこか新たに参入する企業はないだろうか」と漠然とした問いかけを受け、親しくしていたオーナー企業社長に連絡した。社長が担当に専務を指名し、井上と専務で球界参入の可能性を探った。しかし検討の結果、球団を持てば逆に同業他社へ他球団ファンが流れる恐れがあるとの理由から幻に終わったという鮮明な記憶がある。

このことを山口に説明しないうちに再び山口から電話を受けた。楽天は井上の主要取引先の一つであり、球界への参入を提案する以上は途中で引き返せない。「楽天でよいか」と山口に確かめて同意を得た。そこで三木谷に伝えた。三木谷が同意したため山口に説明を頼んだ——以上が井上の説明であり、記憶だった。

細部の違いはあるが、①楽天の参入計画は山口の電話が契機になった、②山口が楽天で球団の収支構造の説明をした、③三木谷が本拠地問題で宮内へ電話して断られた——などの主要な骨格部分は一致した。楽天の球界参入の経過で全く触れられたことがない新事実である。

合併承認めぐりオーナー激論

9月8日午後2時、球界の運命を決める注目のオーナー会議が始まった。「もう1組」進行中との発言が飛び出した前回と同じ、帝国ホテル孔雀南の間である。

いつもは各オーナーが会場で互いに笑顔で挨拶し、雑談に興じながら開会を和やかに待つが、この日は違った。ほとんどのオーナーが口を堅く結ぶ。瞑想して雑談を拒むオーナーもいた。

会議の焦点は、実行委員会が承認した両球団の合併の追認、合併の1年間凍結がない限り波状スト突入と宣言した選手会への対応、「もう1組進行中」の提義明が何を語るかである。ほかに、新規参入球団の加盟料減免などでNPB側の対応が進展するか注目された。マスコミの関心も熱を帯び、報道陣は700人に達したという。

密室の中ではオリックス宮内義彦と中日白井文吾、阪神久万俊二郎が激突した。

白井の発言はさすがに中日新聞が詳しい。同紙は議長役の滝鼻卓雄が「合併を審議する前に皆さんの意見を」と促し、白井が最初に発言した模様を克明に伝えた。

「『今、プロ野球は重大な局面にある。選手会がストを決行すれば、球界の衰退は間違いない。ストを回避するために、全力で交渉にあたるべきだ』。白井オーナーはこう切り出し、合併承認を先延ばしして選手会との交渉にあたること、さらに来季の2リーグ制継続という方針決定を（するように）提案した」

選手会表明の11日からの土日3週連続波状ストで、中日は第1週広島戦、2週目は巨人戦を主催する。白井は主催4試合のチケット払い戻し、遠方からの観光バス、ホテルのキャンセルによる大混乱を指摘し「あらゆる手立てを尽くし回避すべきだ」と訴えた。

阪神久万が「ストの際の損害額の計算はあるのか。ファンの感情もある。それでも合併を認めるなら勝手にどうぞ。反対しない」と白井に同調し、ヤクルトの堀澄也も加わった。

横浜の砂原幸雄は「スト回避に向けて承認延期は無意味だ。加盟料改定など前向きの提案で来季に備えたい」と合併を承認、広島の松田元は「広島市民とともにある球団として地元の判断を尊重する。採決は棄権するが決まったことに従う」と苦衷を明かした。

セは承認延期3、承認1、棄権1。滝鼻がセ側で最後に意見を述べた。

「合併承認を延ばせば1年凍結の選手会要求を撤回する確証があるのか。保証もない先延ばしは無意味だ。実行委はすでに承認済みだ」と承認の意向を明らかにした。

パ側では宮内が先頭に立った。「実行委が承認したものをオーナー会議が先延ばしすれば、経営の論理が選手会に屈服するようなものだ。チケット、ホテル、観光バスの問題ではない。白井さんに賛同できない」。白井は「実行委の承認したものをオーナー会議が承認する義務や理由はない」と声を荒げ、翌日からの選手会との交渉直前の合併承認は「放火したあとで水をかけるようなものだ。交渉が有名無実にならないか。いまは両球団の選手説得がカギだ」と承認延期を説き続けた。

各オーナーの主張が長々と続くため滝鼻は15分間の休憩を宣言し、「会場外へ出ないでください」と各オーナーの行動を制限した。何度も陪席したＮＰＢ職員は「口角泡を飛ばした激論を初めて聞いた」「各自のエゴがむき出しの二度とない会議」と苦笑交じりに語った。

「滝鼻君、いまだ！」

両球団の合併は「統合及び派生する問題」とする議題に含まれていた。派生する問題とは「もう1組」や加盟料、参加料の緩和などである。

休憩のあと、滝鼻は膠着状態の「合併承認問題」から「もう1組」へ話題を変えた。

「もう1組の合併構想はどうなっていますか」。誰もが最も聞きたいことだった。

「その件はいま頓挫しています」。堤の第一声だ。各オーナーが顔を見合わせた。首をかしげる。うなずく。天井を仰ぐ。皆が当惑、驚きを共有した。

「コロニーは外資で球団を持てないから、7月のオーナー会議の時はダイエー本社が球団を手放すことは秒読み段階だった。9月中旬にはパが4球団になりそうだった」

「ダイエー本社の再生機構入りの話が出た時に外資がいい条件を出したので、ダイエーは自主再建へ路線を変えた。いまは合併交渉中断としか言えない。申し訳ない」

堤が話し終えると、議長席の右前方席の白井が「どうも状況が違うようですな」と驚きの声をあげた。もう1組がなければセは6、パは5の2リーグ制しかない。「状況が違う」は「1リーグ制の懸念が消えた」ことだ。コミッショナーの根来泰周が「滝鼻君、いまだ！　もう一度合併の可否を聞こう」とささやいた。

滝鼻と根来は、実行委が承認した以上、オーナー会議が承認することは当然と考えていた。採決前、白井は「来季2リーグでやるなら反対する理由はない。統合に賛成する」と述べた。隣席の久万も「同感だ」と即答、ヤクルトの堀がうなずいた。

根来が「いまの時点では来季6対5の2リーグ体制で行く。緊急事態が起きたら会議を招集し知恵を出して取り組みたい」と述べ、滝鼻が続いた。

「それでは両球団の合併を承認いただけるか」。採決に入った。棄権した広島と、当事者球団のオリックス・近鉄を除き9球団が合併を承認した。

その後、「いまの日本経済では今後何が起きるか分からない」と発言があり、滝鼻が「オーナー会議として前向き、機動的に対応したい。9月29日に臨時オーナー会議を開き、交流戦などを審議願いたい」と提案、了承された。

交流戦は「もう1組の合併進行中」と前回のオーナー会議で堤が発言して以降、渡邉が「10球団1リーグは究極の交流戦」と持論を語り、堤も「パが4球団になればセに混ぜて」と訴えて火がついた。阪神は「パが4球団でも交流戦を行えば2リーグ維持が可能」と主張し、巨人を除くセ球団で一応の意見が一致した。巨人は「反巨人連合の結成」と激しく反発した。

7月の実行委で阪神野崎が示した「6・4制10球団2リーグ」案の交流戦の比率はセ38%、パは57%で実質は1リーグに近く賛成が得られず、以来一度も論議されなかった。

選手会が「合併の1年凍結がなければスト突入」を決議した9月6日、「新規参入のため加盟料、参加料の撤廃または大幅緩和」「完全ウエイバーなどのドラフト改革」「放映権料の一括管理」などをNPBへの要望事項として並べたが、交流戦には触れていない。

9日の一般紙、スポーツ紙は「セ6パ5」「来季2リーグ」をすべて大見出しで報じ、オーナー会議での交流戦審議は、見出し付き、見出しなしが混在し、評価は異なった。

午後5時前にオーナー会議終了、議長滝鼻が記者会見した。

「（もう1組の合併について）私から堤氏に問いかけ〝新たな球団同士の統合は進展がない〟と報告を受けた。今日の段階では来季はセ6、パ5で運営したいと確認した」

「日本経済の混沌とした状況を考えると何が起こるか分からない懸念もある。したがって仮に球団消滅やその他の動きが出た時は、オーナー会議が機動的に動き審議することを確認した。目の前に何かがあるわけではない」

「巨人オーナーとしては6と5の関係ですから一定の交流試合は組まざるを得ない。組んだほうがいい。ワクワクした新しいイメージができると考える。今までにないシステムを作らなければならない。ぜひ、（各オーナーに29日に）集まっていただきたい」

終了後は各オーナーが、マスコミに思い思いの見解を語った。

「滝鼻オーナーは何か月か前に（日程、球場確保など）決めておかなきゃ困るということが分かってない。開幕直前まで時間がかかるかもと言っていた。それで手を打てるか、と言うたら怒っていた」（報知）と話したのは阪神久万である。

滝鼻の言う「今日の段階」と「機動的に動き」では、新たな合併や球団消滅騒ぎが開幕直前まで続くことにならないか。そうなれば、日程やCM契約、前売りのシーズンチケットもすべてご破算になる。久万は長いオーナー歴からその点を懸念した。

新規参入には野球協約31条「参加しようとする年度連盟選手権試合の前年の11月30日までに実行委員会およびオーナー会議の承認を得る」という制限がある。根来も「時間切れだ。球場確保、日程編成その他が間に合わない」と明言した。

白井は「スト回避のため承認先送りを最初に主張した。２リーグ維持や加盟料見直しで選手会も納得しやすい線が出て先送り不要と判断した」と満足していた。

ダイエー中内正は「緊急事態の際のオーナー会議招集は、ダイエーが球団を手放す時だ。各オーナーの共通認識だと思う。私は言える立場でないし、何もわからない」と寂しげだった。

セ６、パ５の交流戦中はセの１球団が必ず試合をできない。一歩間違えばさらに深い泥沼に陥る危うさを含んでいた。それでも交流戦に関する質問は出なかった。

一方で新規参入の加盟料緩和も検討している。時間的問題はあるが、新規参入が実現すればパは６球団となる。その場合の交流戦の扱いも棚上げされたままだった。

７日に報知が「外資に実質経営権」と伝えたダイエーホークスに関して宮内が「実際の所有者は誰か。外資が30年も興行権を持つという報道がある」「事実であれば問題がある」と指摘し、滝鼻がＮＰＢとパへ事実調査を依頼した。

「もう1組」は砂上の楼閣か

「もう１組の合併構想はロッテとダイエー」と堤がオーナー会議で明言し、両球団も認めた。それでも構想そのものが単なる砂上の楼閣ではないか、との疑念が今も消えない。

ロッテの重光昭夫はオーナー会議後の囲み取材で「他チームから背中を押されるかたちで６月ころからダイエーとの交渉が始まった。人助けのつもりだった。５球団では運営が難しい。球界の全体を考える視点で取り組んだ」「ダイエーは自主再建を目指しており、ダイエーに球団を手放すつもりはないと断られてあきらめた。８月下旬に打ち切りです」と説明した。

堤の発言をダイエー本社で知った球団管掌常務の士谷忠彦も「8月上旬にロッテから合併の提案があったが、ただちにお断りした」と従来の方針通りの球団維持を明言した。

ロッテ球団の濱本英輔が瀬戸山隆三に「白馬の騎士となってダイエーと合併しダブルフランチャイズを目指す」と6月に語ったことや、プリンスホテル社長の山口弘毅が「堤が重光を呼びダイエーとの合併を要請した」と巨人の渡邉へ報告したなどの水面下の動きが初めて裏付けられた。

だが実は、9月8日のオーナー会議直前に西武側は両球団ではなく、日本ハムへ慌ただしく接触した。

8月17日、西武代表の星野好男が電話で「もう少し時間がかかるが心配無用。必ず合併できるから安心して欲しい。ロッテと統合すると福岡ドーム使用が中心になる。ついてはパの各球団は千葉の使用にも十分留意してもらいたい」と頼んだ。25日は堤側近の山口が「堤の直々のお願いだ。千葉マリンでなんとしても10試合は開催できないか」と再び要請した。

日ハムは北海道へ移転したばかりだ。05年も札幌ドームを中心に、東京ドームで年間12、3試合、道内の各球場でも数試合を検討しており、実現不能の提案だ。

西武から日ハムへの電話に先立つ7月29日、日経は「ロッテ球団　ダイエーに合併打診　ダイエー側『継続保有変えず』」と伝えた。「球団と（コロニー傘下の）球場が30年間の長期使用契約を締結しており、福岡から本拠地移転はできない」、「ロッテは千葉市から離れなければならない可能性」があり、「ダイエーもコロニーとの調整が必要」と合併構想の危うさを指摘した。

30日、朝日も「ダイエーに合併打診」と続いた。30年契約のほか「ロッテは本拠地を千葉、球団名を残すなど主導的立場を球団全体で確認」とそれぞれの球団方針に触れた。

８月７日、毎日が１面トップでロッテが合併を申し入れたと伝えた。

相次ぐ西武の電話攻勢は、各紙の報道により両球団が簡単に本拠地を動けないと知ってダブルフランチャイズ構想の危うさに気付いたためと推測できる。

しかし、03年秋以来、「ダイエーは30年間、福岡ドームにとどまる」、「期間内の球団移転は所有者が違約金を支払う」、「違約金は数百億円の可能性」などの重要情報を新聞が伝えていた。

また、ロッテオーナー代行の重光昭夫は堤が「もう１組」の合併構想を明らかにした翌日の７月８日、球団社長濱本とともに球団事務所でわざわざ記者会見し、仮に合併の話を持ち込まれても「球団名マリーンズもロッテも外さない」「千葉のファンのためにも動かない」、合併を申し込むのは「信義に反する」と語った。信義の相手は千葉市かダイエーか。そこははっきりしないが、要は千葉から動かないということだ。

ロッテ・ダイエーの合併を画策した堤がこうした公知の情報を知らなかったとは思えないが、堤はそのようなことに注力するゆとりを失っていたとも推測できる。のちに証券取引法違反などで摘発された際に明らかになるのだが、堤は総会屋への利益供与に加え、名義株の解消という難題に直面していた。「04年８月30日ごろから９月７日ごろまでに親しい大手企業の社長ら十数人に直接面談したり、自ら電話して株式の購入を依頼、９月28日までに10社に計１８６６万株を計２１６億５８５７万６０００円で売却する契約を交わした」（05年６月16日検察側冒頭陳述）。オーナー会議直前の大事な９日間、名義株の処分に没頭していたのだ。

渡邉はのちに「もともと彼は『自分が考えたことは必ず実現する』と思い込む誇大妄想的なところがあったから、勝手にそういう絵を描いて発表しちゃったんだろう」（『闘争　渡邉恒雄の経営術』ぺんぎん書房、2005年）と「もう1つ」の堤構想を批判した。8月後半の西武の慌ただしい動きを見れば、堤への批判は的を射たものだが、渡邉がオーナー会議議長として堤構想1リーグ10球団制に同調し「私もその方がいいと思う」と発言した事実は消えない。

「今日の段階」に広がる波紋

滝鼻がオーナー会議を終えた会見で口にした「今日の段階」「緊急事態に機動的対応」は選手会に波紋を広げた。

巨人選手会副会長の仁志敏久は同夜、「『今日のところは』だから、もう1つの合併がその先に見える。日本シリーズが終わり急に決まることもある。加盟料も検討は簡単だ。何も変わっていないのに引き下がれない」と滝鼻の発言を厳しく分析した。

仁志は小柄ながら巨人の「切り込み隊長」と言われる強気な性格で、気持ちをストレートに伝える一言居士だ。この意見は滝鼻発言への多くの選手の共通認識のはずだ。

9日午前から2日間大阪で開催した「協議・交渉委員会」では仁志と同様の懸念、指摘が相次いだ。9日夜、滝鼻は東京ドームで巨人・中日戦観戦後、記者たちに発言内容の〝真意〟を問われた。以下が発言を伝えた各紙の見出しの段数だ。

◇**滝鼻オーナー「来季は6対5しかない」**（報知・3段）
◇**G滝鼻オーナー「セ6パ5」強調**（スポニチ・1段）
◇**来季運営時間切れ　巨人滝鼻オーナー**（日刊・1段）
◇**「来季2リーグ」巨人・滝鼻オーナー**（朝日・1段）

◇**「新規参入あれば対応」巨人・滝鼻オーナー**（読売・3段）

渦中の人物を記者が取り巻いて聞く「囲み取材」は、ニュースや発表記事と違い扱いに大きな差が出る。本書でこれまで「12球団は永続的なのか」（根来）、「弱いところが潰れた方が球界は活性化する」（堤）、「こっちにも考えがある」（渡邉）など囲み取材で述べ、後に尾を引くことになった重要な発言を取り上げてきたが、掲載が1～3紙にとどまったことがいい例だ。

滝鼻は実際に何を語ったのか。各紙は「来季はセ6、パ5で運営する」という前日の発言を改めて聞いて滝鼻が答えた内容を、それぞれの視点で短く解説した。

◇**「万一球団が消滅したりした場合に機動的に対応する」とした発言が「野球協約上はもう1組の合併が可能で、再編を示唆したと誤解されたためではないか」**（報知）――これは再編の示唆を打ち消したという意味だろう。

◇**阪神の久万が滝鼻の発言を批判したことを受け、「選手会との交渉も大詰めに入り、セ6、パ5を強調したとも受け取れる」**（日刊）――解釈は微妙だが、開幕前の急変はない意味か？

◇**29日開催予定の臨時オーナー会議はダイエーの動向次第で大きな影響が出ると指摘する声を否定するため「改めて6対5を強調した」**（スポニチ）――日刊と同じ解釈だ。

◇**「含みはない。オーナー会議は2組目じゃなくて交流戦のことを話し合う」**（朝日）――解釈抜きの事実の報道。

異色の見出し「新規参入あれば対応」の読売記事の要点は2つある。

「具体的な話は全くないが、有力企業の新規参入もありうるわけで、しかるべき有力企業が（参入を）言い出した時は緊急事態となる」

「29日のオーナー会議は2つ目をどうこうではなく交流試合をどうするかということに限った」各紙とかなり違う内容は、身内の読売だけに語ったような疑問さえわく。だが、「有力企業」「緊急事態」の部分を、報知は「緊急事態はあるかもしれない。優良企業で新規参入したいところが出るかも知れない」、スポニチも「球団を持ちたいとしかるべき企業が言い出したらそれも緊急事態だ」と伝えており、囲み取材の発言であることは明白だ。

前日のオーナー会議で「球団消滅やその他の動き」と語った「その他」が「優良企業の参入があれば」と具体的に変わった理由は新たな情報が入ったためだろうか。

楽天で読売グループ本社法務部長の山口が球界の収支構造を説明し、三木谷が「よし、わかった。やろう」と決断したのは翌日の9月10日というのが山口の記憶だ。

激論2日、握手なきスト回避

選手会とＮＰＢの協議・交渉委員会は2日目の9月10日、スト回避で暫定合意した。突入期限の20分前だった。共同発表後、にこやかに握手を求めた選手関係委員長の瀬戸山隆三に背を向けて選手会長の古田敦也は会場を去った。双方が合意した内容は次のとおりである。

1　ＮＰＢは「統合時期を1年延長する」との選手会の申し入れに対し、交流戦導入を踏まえ来季の影響等諸問題を具体的に分析し、速やかに回答する。

2　現行の加盟料・参加料を撤廃し、預かり保証金導入など環境を整え新規参入球団の加盟促進を積極的に検討する。

3　新たな球団削減の不安払拭のため来季セ6以上、パ5以上を確約する。
そのほかの条件を互いに了承して当面のストは回避、合わせて17日午後5時までに各協議がまとまれば18日以降のストは行わないことで暫定合意した。

合意に至った背景に、東京高裁が示したNPBへの注意喚起がある。

東京高裁は、選手会が即時抗告した2点①合併に伴う労働条件を団体交渉する権利がある、②球団合併は協約19条の「特別委員会」の対象――のうち②は6日に棄却、①はオーナー会議当日に「球団統合は選手の労働条件を左右する部分があり義務的団体交渉事項」と認め「NPBがこの判断を尊重すると期待され、仮処分を出す必要性は薄い」と抗告を棄却した。

そのうえで「万一、誠実交渉義務を尽くさない場合には不当労働行為の責任を負う可能性があり、野球の権威に対する国民の信頼を失う」「コミッショナーは著名な法律家であり、裁判所が団体交渉権を認める判断をすれば、9日からの交渉においてこれを尊重することが期待される」とNPBへ注文を付けた。この注文は「単に労働組合法上の権利を根拠としてこれにこだわっているわけではなく、とにかく十分な議論を尽くすべきであると理解することができる」と続く。

國學院大學教授の武井寛（労働法）は高裁の指摘を「発端は選手会を無視して行われようとした球団合併であった」として「たかが選手」発言を無視の象徴に例えて「選手たちの行動はこの無視に対する法律上の権利云々以前の、人間的な怒り・抗議のあらわれであった。選手会のストライキに対する世論の圧倒的な支持も、同じ土壌から発せられた感情の表明であろう」（「法律時報」76巻12号　2004年11月）とのちに分析した。

追い風を背景に古田は合併承認を「ストの方針に変更はない。加盟料緩和で球団が増える？　あいまいな可能性は無意味、私たちは具体的なものが必要だ。我々を最後の砦と応援してくれる多くのファンがいる。オーナー会議が決めても簡単にウンとは言えない」、「我々も痛みを背負って球界の将来のためモノを言っている。厳しい交渉になるが明日からの交渉を楽しみにする」と語った。

10日の協議・交渉委員会の開催前にＮＰＢは午前9時から大阪で実行委員会を開いた。両リーグ会長は前夜遅く新幹線で別々に駆けつける慌ただしさだった。オーナー会議で合併が承認されたため、協約57条２「選手の救済措置」にある「議決で定めた期間」「選手を80名以内に拡大」という受け皿に具体的内容を盛り込む必要が生じたためだ。その結果、「11球団の間」、選手は「80人に拡大」が決まった。

高裁裁判長の注文に応える意味でも大切なスピード決定だ。しかし、罰則がない紳士協定であることに変わりはなかった。

選手会が球団合併凍結と新規参入の両方に力を入れた点で古田は苦慮していた。

「手っとり早く問題を解決しようとすると、近鉄とオリックスの合併延期はもう求めないから、その代わり新規参入をやってくれという形にどこかで変わらなければいけないことになってしまいます。でも、近鉄選手や近鉄ファンをはじめとして、合併を止めたいと思う人がたくさんいて、その思いが深いために、どうしても変ることはできない」（『スト決行』朝日新聞社、２００４年）状況だった。

ライブドアの近鉄球団買収の意向は無視され、合併が認められた。そこで選手会はパ首脳部が主張する奇数球団のマイナス論を今回の協議・交渉委の戦術に取り込んだ。５球団のリーグ戦で増える各球団の赤字額を合計すれば近鉄の年間赤字40億円を上回らないか。

「近鉄が合併を延期してもう一年やることにして、パ・リーグの他球団の損害を減らす。他球団は減るであろう損害の半分など一定の金額を近鉄の一年延期のための協力金として支払う。（中略）一定の対価を近鉄に支払うメリットはあるはずである。さらに、１リーグ化を免れることができたセ・リーグも少しでもこれに協力できれば、近鉄は耐えうる赤字の範囲内にとどまれるのではないか」とのちに選手会が発行した『勝者も敗者もなく』（ぴあ、２００５年）は、作戦の狙いを記している。

９日、10日と２日連続して大阪のホテルで開かれた協議・交渉委員会の出席者のひとりは、「選手会が１球団３億くらいの協力金を提案した」「近鉄球団社長の小林が、よその球団から金をもらうくらいなら球団を潰し、選手の保留権もみんな返上すると激高した」と語った。

選手会の提案は、連結決算の時代に果たして近鉄球団救済のための協力金支払いが他のオーナー企業の株主総会をクリアできるかなどは素通りしたものだ。ＮＰＢ側は来季の交流試合実施を前提に、オリックス・近鉄両球団の合併前と後の収支の概算を試算することに同意した。

延々と続いた協議・交渉委は、最後に選手会が「譲れぬ条件」として「新規球団の加盟促進を検討」に「積極的に」を追加するように要求、ＮＰＢ側が応じてスト回避が決まった。

選手会事務局長の松原徹は「やっとちゃんとした議論ができた。お互いボールを投げあった。これまではなんでも却下だった」と高裁判断に沿うＮＰＢ側の対応を評価した。

記者会見は古田のほか選手会からは近鉄礒部公一、オリックス三輪隆、日ハム小笠原道大、Ｎ

ＰＢ側は瀬戸山のほか各委員や実行委選手会担当顧問の伊藤修も出席した。

古田は「近鉄を残す可能性があるということなので、この２日間はストを決行することはできないと判断しました。新規参入についても（中略）積極的に検討していただける」と「さして晴れがましくもない表情」（前掲書）で挨拶したという。

会見が終わってテレビカメラの前で展開されたのが、先の握手なき別れのシーンだった。

楽天が球界参入を公表

新規参入に向けて動き出した楽天の計画は、９月15日朝刊で日経がスクープした。楽天広報部も「数日前に検討を始めた」と認めた。翌日から協議・交渉委というタイミングだった。

楽天は本拠地にオリックスの「ヤフーＢＢ」を想定と同紙は報じた。朝日、読売なども夕刊で楽天参入方針、「本拠地は神戸の意向」と追随した。球場の命名権契約が今年度で切れる。各社は楽天が新たに命名権も取得して進出すると推測したのだろう。選手会とＮＰＢは、さきの協議で「新球団の加盟促進を積極的に検討する」と合意していた。

楽天が加盟申請すればライブドアとともに審査し、結果は「同時加盟」「一方のみ」「双方拒否」の３通りだ。審査は社会、選手会、ＮＰＢ側すべてが納得する公正、公平、透明さが求められる。そう考えた読売グループの山口は日経の報道後、すぐにオーナーの滝鼻、球団社長の桃井恒和へ審査の公平さ、透明性をアピールするため監査法人の活用、公開ヒアリングなど自身の考えを説明した。２人が同意したため、コミッショナー事務局長の長谷川一雄へ電話した。

「ライブドアに続いて楽天が名乗りを上げて参入希望者は２つ、当然審査はコンペになる」

「プロセスが透明なことが大事だから、公開ヒアリングがいいと思うがどうか」

「今回、ここまで問題が複雑になったおおもとはパの赤字経営に端を発している。親会社の財務力審査が重要なポイントになる。監査法人を使った方がいい」

「ヒアリング公開や監査法人の財務力分析は野球ファンや世間の納得を得られると思う」

長谷川は読売運動部からコミッショナー事務局へ転籍した顔見知りだけに、話は順調に進んだ。

「長谷川さんが、監査法人知っている？　と反応した。じゃあ私がお連れしますと言った」

山口は豊富な人脈からある監査法人を選び長谷川へ紹介した。

16日午後1時過ぎ、三木谷は楽天本社が入る六本木ヒルズで記者団に「来週中にＮＰＢへ加盟申請する。1年前から球団経営を考えていた。合併球団から漏れた選手、ＦＡ選手も獲得して新球団を作る。地域の発展性や会社の将来を考え今が立つべきと判断した。本拠地は神戸もいいが、しがみつく気はない。ほかも検討中」と語り、宮内や堤の名前をさり気なくあげて、球界との関係もアピールした。大阪府知事の太田房江が「楽天バファローズを作って」と呼びかけた。

ライブドアの堀江はこの日、「本拠地を仙台に置く」とＮＰＢへ加盟申請した。宮城県庁では知事の浅野史郎が「ライブドア　ベースボール社」取締役と共同記者会見し「9日に初めて堀江さんと都内で会い、本拠地を宮城にしたいと言われて快諾した。東北はプロ野球の空白地で全体的バランスから球団が必要。地域密着の球団運営をお願いしたい」と語った。

コミッショナー事務局の長谷川はそのころの一本の電話を覚えている。

「自分は楽天の顧問である。楽天が球団を持つにはどうしたらよいか。話をお聞きしたいという趣旨だった。その人は数日後に事務局へ来たので球団の将来構想、本拠地問題、財務状況などを書類で示すことが必須条件と説明した」

電話の主は楽天のコンサルタントの井上だった。楽天は22日、「仙台を本拠地に」と公表した。

不信感増幅、ついにスト突入

三木谷と堀江の動きが慌ただしさを増した16日、選手会とNPBの「協議・交渉委員会」が東京のホテルで開かれた。〝雪融け〟ムードの前回とは空気一変、互いの不信感は増幅していた。NPBは初日に「新規加入球団審査委員会」「有識者会議」の新設、加盟料を「預かり保証金」とし一定期間後返還する〝根来案〟を示した。実行委で承認済みだった。

合併問題を機に球界の将来を考える必要性が強まった。根来は外部の意見を取り入れるため法律や経済、経営などに通じた「有識者会議」で球界の将来像を探り、学識経験者を加えた「新規参入の審査委員会」新設を実行委へ提案、了承を得た。選手会の反応を読売紙面から引用する。

「十分好意的に受け取ったが、選手会はネガティブの反応だ」

「コミッショナーは中立ではないから信用できない。委員会の人選にも関与したい」

「球団削減や売却を防ぐ方策を野球協約に盛り込んで欲しい」

「来季に12球団を目指すという姿勢を表明してほしい」

発言者は選手会顧問弁護士である。

選手会はこの日も合併の1年凍結を改めて要求、無理なら新規参入と争点を移し、選手会の古田、松原とNPB側の瀬戸山、清武が会議の合間に別室で折衝を続けた。NPBは「審査なしで12球団に戻すとは言えない」と主張し、「新規参入の申請に最大限の誠意を持ち審査する」ことでまとまりかけた。古田が「分かった」と折衝結果を別室に待つ選手に伝えると「曖昧な表現は駄目だ」と激しい反発が起きた。午後5時の交渉期限を一度延長、さらに再延長した。

双方は「新規参入を開かれた門戸のもと」、「審査を行う」ところは文言が一致した。問題は新規参入の時期と審査の熱意をどう表現するかに絞られた。

選手会は「05年から」「最大限の努力」、ＮＰＢ側は「05年以降」「最大限の誠意」と対立し収拾がつかず、午後9時10分、18日から2日間のスト突入が決まった。

選手会とＮＰＢの間に入り、懸命に妥結の道を探ってきた実行委員会選手会担当顧問の伊藤修は「わずかな言葉の行き違いで恐ろしい結果になった」とうめいた。言葉の行き違いが修復できないほど、両者が相手に抱く不信感は日を追って膨れあがりついに暴発、プロ野球創設70周年の記念すべき節目の年に、ストという最悪の事態に陥った。

選手会の主張する「05年から」「最大限の努力」とＮＰＢの主張する「05年以降」「最大限の誠意」。文言の違いはわずかだが、彼我の開きは大きかった。

瀬戸山は「選手会は来季から12球団でと固執した。新規参入が来年では時間的な問題もある。きっちり公平にやる時間が必要であり、『最大限の努力』は誤解を招くと考えた」と説明した。

「審査していないのに最大限努力すると言うと、審査はフリーハンドでなくなる。公正な審査のために最大限努力の文言は入れられない」――清武の説明である。解釈は難しい。

野球協約31条は新規参入期限をシーズン前年の11月末日までとするが、「ただし特別の事情がある場合は、実行委員会はこの期限を延長することができる」例外措置がある。プロ野球70年の歴史の中で初めて選手が「野球をやらない」と言う。これ以上に「特別な事情」があるだろうか。

協約上「時間切れ」でなく「延ばす余地」は残っていた。期限を延ばし「協約に従い厳正に審議した。新規参入に最大限の努力をしたが、以下の理由から参入を認めない」と説明すれば、世間一般の理解は得られたのではないか。

「合併の凍結ができないなら、いびつな11球団解消のため、来季に向けての新規参入に最大限努力をお願いしたが、その言葉は入れられないと拒否された」――古田の説明だ。

清武の「『最大限の努力』を入れると審査はフリーハンドではない」と古田発言のどちらが分かりやすいか。答えは明白だ。情報宣伝活動でも選手会がＮＰＢ側を圧倒した。

拗れた原因の1つはスト回避した10日夜の古田の「近鉄を残す可能性」という発言にあった。この時も古田発言をスポーツ紙は大きく伝え、ＮＰＢ側の見解は取り上げなかった。

「これでは駄目だ。お互いの言い分を正しく伝えるため、交渉委員会の模様を公開すべきではないか」。ＮＰＢ側は初日の16日に会議公開を要求、選手会事務局長の松原徹は驚いた。

「『なんですか、急に』松原は、その意味を解しかねた。（中略）せっぱつまった局面の交渉。腹を割って話し合い、通じ合わなければ実のある交渉にならない。今の局面を変えるには、出席している球団代表たちの心を動かさなければならない部分も多い。公開した場合に、意見が硬直化するのは立場に縛られている球団側である。球団の意見が硬直化した場合、問題の結論は見えている。そうなると最悪の事態への突入が避けられなくなる」（前掲書）

「古田を怒らせるため？」、「公開を拒否させて選手会の閉鎖性を印象付ける陽動作戦？」複雑な思いに松原は襲われた。

ＮＰＢ側は、「近鉄が存続する可能性が出てきたというが、合併が覆らないのは分かっていたはずだ」と古田に発言の撤回、謝罪を求めた。古田は「５球団で試合を組むデメリットと６球団で交流戦をやるメリットを検討すれば新しい数字も出てくる。シミュレーションしてもらえる時点で、そういう可能性があると判断した」と説明した。

一触即発の模様となった会議では、ＮＰＢが出した交流戦導入の場合のシミュレーションを見た選手会が逆襲した。

示された両球団の03年度赤字額は「75・８億」円。球団統合しセ６・パ５となって、交流戦を各３戦行うと赤字は「34・５億」、６戦で「27・３億」まで縮小。両球団存続の場合、交流戦各３戦で赤字合計は「57・４億」、６戦は「44・５億」が試算結果だった。

選手会は交流戦導入でパ各球団の赤字は変わらなくとも収入額は増える、そうなれば「近鉄の合併延期のための協力金」もより現実味を帯びると考えた。

「６球団でやるほうがパ・リーグの他球団はメリットが多いはずであり、５球団でやることを強いられないことで生じる利益から近鉄の１年存続の協力金を捻出するなどといったシミュレーションは一切行われていなかった」（前掲書）という。10日にスト回避で暫定合意した文書にも「交流試合の導入をふまえた来季の影響等諸問題について具体的分析」と書かれただけだ。双方弁護士が納得した文案で、なぜこんな食い違いが生じたのか。不可解である。

交渉期間中も選手会の対応はほぼ一貫したが、ＮＰＢ側内部は分裂気味だった。交流戦実施にパ側が「両リーグが６・６でも交流戦を」、セ側は「交流戦はパが５の時だけだ」とエゴをぶつけ合った。あげくはオリックスの小泉が「新しい球団がセに入り、巨人がパに来ればいい」と言い出すなど、ＮＰＢ側は内憂を抱えて一枚岩の選手会と対応した。

２日目の協議・交渉委員会は初日に参加したパの礒部、三輪、和田一浩（西武）、小坂誠（ロッテ）が試合のため不参加、前日からの参加者は古田と横浜の鈴木尚典、三浦大輔、石井琢朗の４人と新たに巨人の高橋由伸、仁志、阪神今岡誠、中日井端弘和の計８人。試合中のパ選手会幹部とは携帯で連絡を取り合ったとされる。ベンチへ戻る僅かな時間にアドレナリン全開の選手が冷静な判断ができるだろうか。こうして、球団合併に始まるパ主体の混乱を、セ８選手だけが交渉する異例の事態の末に、プロ野球は史上初のストに突入することになったのである。

みんな野球が好きなんだ

ストで流れた試合は中日・巨人（ナゴヤドーム）、ヤクルト・阪神（神宮）、横浜・広島（横浜）、日本ハム・近鉄（札幌ドーム）、オリックス・ロッテ（ヤフーＢＢ）、ダイエー・西武（福岡ドーム）の６カード12試合である。

中日を６・５ゲーム差で追う巨人は直接対決の連勝が逆転への絶対条件だった。パの首位攻防戦ダイエー・西武は２試合流れたため、ダイエーはあと１勝すればプレーオフに１位で出場が決まるなど、シーズン大詰めでのストは優勝争いやプレーオフ出場権に多くの影響を与えた。

スト初日、日ハム監督のトレイ・ヒルマンは18日午後１時半からＪＲ札幌駅構内でサイン会を開き、実に数千人が集まった。「試合を楽しみにしていたファンのため」とサイン会を提案、３時間余をかけ、記念撮影も含め約１０００人にサインした。「私ができることは試合がない２日間をできるだけファンと過ごすこと」とファン第一を強調した。自主練習した選手会長の小笠原も即席サイン会を開き「ファンへのお詫びになにかしたい気持ちだった。逆に激励されて勇気をもらった」という。

ナゴヤドームでは中日選手と遠征中の巨人選手の合同イベント、近鉄は藤井寺球場、横浜球場では横浜と遠征中の広島の選手が合同でやはりサイン会を行った。

スト2日目の19日、福岡では、ダイエー選手会が午前11時から福岡ドームで選手のサイン会を開いた。ファンの列が早朝から周囲８００メートルの球場を二回り半も取り囲み、開場を待ちわびた。推定2万人という。選手会長の松中信彦が「将来のプロ野球のための戦いです。ご理解をお願いします。お詫びに精一杯のサインをします」と呼びかけて拍手を浴びた。

東京・銀座のヤマハホールではファンとの交流イベント「みんな野球が好きなんだ！」（選手会主催）が開かれた。名古屋遠征中の巨人を除き、ヤクルト、横浜、ロッテ、西武の関東4球団から50人が参加した。ただ一人、スーツにネクタイ姿で参加した古田は「皆さまに土曜、日曜と試合をお見せできなかった。お詫びします」と謝罪したが、ファンからはすぐ「そんなことない。野球界のため戦ってくれてありがとう」と声が上がり、古田コールまで起きた。テレビカメラが路上にあふれ、定員約５００人の会場は超満員となり、選手会はファンを入れ替えて2回開催した。

試合がない2日間、選手会は各地でイベントを開き「10年後の野球界のため」「球団減は野球を衰退させる」と軽く5万人を超えるファンへ訴え続け、テレビ、新聞は大きく活動ぶりを扱った。

スト突入後、ＮＰＢは「スト回避のため今後門戸を開き、新規参入審査を最大限の誠意をもって行う案を示したが、選手会は最終的に来季12球団に戻すよう最大限の努力を要求し続けたため、妥結できなかった」と声明した。経過はそうでも、最大限の「誠意」が「努力」に変わるとなぜ審査がフリーハンドでなくなるのか。世間で通りにくい理屈だ。

ファンとの距離を縮めた選手会と不可解な説明を繰り返すＮＰＢ。違いは鮮明だ。

根来、滝鼻の積極発言とスト収拾

不毛の対立は23日、ＮＰＢ側が「公平、公正に新規参入を審査する」と表明、古田と瀬戸山が記者会見の場で合意文書にサインすることでようやく終わり、ストは収束した。

合意内容は「05年に12球団に戻すことを視野に新規参入球団の資格審査を行う」「審査は審査小委員会が担当、１か月をめどに答申する」「加盟料、参加料を撤廃し預かり保証金制度を導入する」など７項目。古田は「球団が消える近鉄選手の心情を思うと握手はできない」と事前に申し入れており、今回も握手なきスト収拾だった。

協議・交渉委の初日から、スト回避の雰囲気も双方にあった。回避を加速させたのがこの23日、毎日が根来、読売が滝鼻へのインタビューで２人の積極的考えを伝えたことだ。

毎日は、渡邉の「巨人がパに移ってもいい」という衝撃発言を引き出した編集局長・観堂義憲とＮＰＢ担当の冨重圭以子が担当し、新規参入と１リーグ問題を根来に語らせた。「来年に新規参入を実現するよう全力でやりますというしかない。あとは障壁を何とかクリアできないか。知恵の出しあい」と根来が明言、「来季１リーグ？」の問いに「ないないない。それはない。６と４でも２リーグでやる方法はいっぱいある」と４度も１リーグを否定し、新規参入実現による6・6制をはっきり打ち出した。インタビューは1面で「新規参入『来年実現に全力を』　1リーグ制移行『ない』」の見出しで、トップの「第2波スト回避へ」と並んで掲載された。

根来が語ったクリアすべき障壁とは、野球協約31条「新たにこの組織の参加資格を取得しようとする球団は」にある「球団」の解釈だ。球団と称する以上は「監督、コーチ、選手が揃っていることが前提か」と根来が不思議に感じた条文だ。そうであればメジャーのように新規参入球団に既存球団が選手を供給する「エキスパンション・ドラフト」制度が必要だが、協約上の規定はない。さらに「理屈より感情優先の社会」と根来が揶揄する球界が、難局を迎えて理論的な一致点を見出せるのか。「知恵の出しあい」という短いフレーズに万感を込めたのだろう。「新規参入は05年以降」と強調した根来の180度転換がはっきりした。

滝鼻のインタビューは読売が「来季パ6球団が理想　参入期待、交流戦に意欲」（1面）、「プロ野球改革の好機　公正・透明に参入審査」（15面）、「新規参入機動的に対応」（14面）と大きく報じた。読売紙上でひと月前に表明した所信との変化を比較しやすいように今回も「2リーグ制」、「新規参入」、「交流戦」3点にしぼり要旨を紹介する。

◇2リーグ制

常識的に6、5より両リーグ同じ数の球団が良い。できれば6・6が正常だ。双方の6球団から選ばれたチームが日本シリーズを争うことが理想的。巨人を先頭に1リーグ制を進めたことはない。日本シリーズやオールスターがなければ球界全体の活気がなくなる。渡邉も1リーグ制にリーダーシップをとっていないと言っている。

◇新規参入

野球協約には申請を受理して30日以内に可否を決めるルールがある。05年に間に合うように実行委もオーナー会議も機動的に動いて結論を得たい。参入希望企業が合併後の球団に残らない選手を獲得したければ、選手分配方法の修正も必要。参入希望者は永続的に球団を持つ意志や能力などを公正に、透明性ある方法で審査し、社会的批判がある企業は適当でない。

◇交流戦

交流戦も両リーグの球団数が揃っていないと日程が組めない。交流戦はセ6、パ5を前提に考えられたようだが、私は双方6でもやるべきだと思う。

渡邉辞任を発表した記者会見で「渡邉は1リーグ論者ではない」と語った滝鼻が今回は「6・6制が理想」と踏み込んだ。セ内部の「交流戦はパが5の場合のみ」の意見も明確に否定した。新規参入も「申請後30日以内に結論」、場合によっては「分配ドラフトも見直す」などパ及び選手会に大きな配慮を示した内容だ。

スピード審査　楽天に軍配

ライブドアと楽天の新規参入争いは11月2日、オーナー会議が楽天を承認して決着した。この日はパ理事会、続いて実行委員会、さらにオーナー会議と異例の〝3階建て〟審査だった。

ＮＰＢ側は、審査の早期決着を目指してセ会長の豊蔵を委員長、首都圏の西武、ロッテ、巨人、横浜の代表を加え「審査小委員会」を発足させた。小委は審査項目を「球団経営の継続と発展」

「公共財にふさわしいか」など6項目に絞り、審査の一部公開、両社の財務内容の調査を監査法人に一任するなど透明性、公正さの確保に腐心した。

審査委員会による初回ヒアリング（10月6日）は冒頭部分を公開、チーム人事、選手確保や観客動員数の予想、宮城県営球場の改修計画などを総括的に質問した。三木谷は「最初からプレーオフ進出を狙う」、堀江は「最下位の回避」と答えたほかは審査への回答に大きな違いはなく、紺色スーツ、ネクタイの三木谷と、ジャケットにノーネクタイの堀江の服装の違いが際立った。

2度目の14日は個別具体論へ質問が変わった。両社の総資産、連結決算の売上高、経常利益などで楽天が大きく上回ったが、これは初めから分かっていた。

違いは「公共財にふさわしい企業か」の審査中に出た。

コミッショナー事務局にライブドアが無修正のアダルトビデオを流しているなどの情報が多く寄せられた点を、巨人の清武が執拗に質した。堀江は事実を認め「場を提供しているだけだ。積極的に製作してはいない。技術的な問題もあり完全排除は困難」と弁明した。三木谷は「クレジットカードで本人確認しており、青少年は完全に見られない」と答えた。

刑事、民事双方の係争は三木谷が「ない」、堀江は「両方ある」と答えた。マスコミは「アダルト事業集中質問」（読売）、「ライブドア手痛い〝失点〟」（日経）、豊蔵は「回答内容に差が出た」と述べた。

こうして迎えた11月2日のオーナー会議に審査小委は次のレポートを提出した。

初年度に40億円の赤字が出た時に経常利益の予想値から楽天は27％強、ライブドアは78％強の打撃を受ける。収益はライブドアがほぼ金融事業に依存し、楽天は電子商店事業と金融事業が横並びで安定感がある――。

　パ理事会がまず、新規参入は「１球団」と正式に決め、審査小委の報告から楽天を一致して推薦、実行委、オーナー会議が楽天の加盟を次々に正式承認した。

　議長の滝鼻は「永続的な球団経営が可能か。赤字体質のパで耐えられるか。親会社の経営状況から判断した。球界参入に対する両者の熱意に差はなかった」と総括した。

「10球団１リーグ」「６・４でも２リーグ」「５・５の２リーグ」「６・５の２リーグ」と揺れ動いた球界がようやく「６・６の２リーグ」制に戻った。楽天参入は９月15日の表明から約50日と超スピードで決着した。新球団誕生は実に51年ぶりのことだった。

　楽天は球団名は「東北楽天ゴールデンイーグルス」、元プロ野球選手の田尾安志を監督、広野功を編成部長と公表し、11月２日を待った。参入決定のほぼ20分後、編成部長の広野が東京・調布の明治大学野球部合宿所を電撃訪問し、一場靖弘を自由枠で獲得したいと伝えた。

　球界は再び６・６体制に戻るかに見えたが、２度目のヒアリングの前日、審査中にまたしても事件が発生した。

第7章　ソフトバンク電撃参入の舞台裏

ダイエー、西武の落日

10月13日、ダイエーが産業再生機構へ支援を要請した。ほぼ同時刻、西武ライオンズオーナーの堤義明は名義株問題でグループの全役職を辞任すると発表した。2日前までプレーオフで優勝を目指し激闘を繰り広げた二枚看板の落日である。

自主再建を主張して主力行、再生機構と激しく対立してきたダイエー社長高木邦夫が憔悴した姿で経産省へ現れた。取り囲む報道陣をかき分け無言のまま中川昭一が待つ大臣室へ直行、十数分で退室した高木は「再生機構の活用を応諾したと大臣に報告しました」と語った。午後6時10分だった。高木は本社へ戻ると臨時取締役会を開き、機構への支援要請を正式に決めた。

再生機構は9月15日、ダイエーと「秘密保持契約」を結び、ダイエーの資産査定を始める強硬手段に出た。ダイエー側で契約書にサインしたのは高木が交渉を委任した専務で、高木は交渉の場にもいなかった。機構を忌避する高木の強硬さがにじむ対応だった。

契約書は機構側には「正式な支援要請の事前相談」、ダイエー側には「要請の前提ではない」と受け取れる玉虫色の表現が含まれていたという。

機構の支援が決まれば、ダイエー向けの要注意債権が正常債権へ格上げされる。主力3行は春先から強く機構活用を求めていたが、機構の支援は、一時的にせよ国営球団「ホークス」誕生を意味し、プロ野球の参加資格を失う可能性まである。ダイエー店舗はホークス人気に支えられることが多く、その影響を考えれば機構入りは避けたい。

ダイエーvs.主力行・再生機構の攻防が続く中、機構はダイエーへ「支援要請の最終期限は10月12日」と通告、主力行も「監査法人の中間決算不承認」をちらつかせ、ダイエーを揺さぶった。平行線が続く12日深夜、「半日だけ時間が欲しい。経産省と協議して明日回答する」と高木が銀行団へ延期を申し入れ、機構への申請期限は13日正午まで延びた。

13日正午前に港区内の本社を車で出た高木は姿を消し、経産省幹部と某所で対策を協議していた。銀行側が懸命に高木を探す最中に、本社から高木へ「監査法人が決算を不承認とする確度が高い情報がある」と急報が入った。そこで高木は自主再建を断念して経産省へ向かったわけである。

高木が機構への支援要請を大臣へ報告中の午後6時、西武球団オーナーの堤義明が近くの新高輪プリンスホテルで緊急会見し報道陣へ深々と頭を下げた。

西武鉄道はこの日午前、関東財務局に「コクドとプリンスホテルが保有する西武鉄道株を長期間、過小に申告した」と有価証券報告書の訂正を届けた。訂正により、04年3月期の西武鉄道株の上位10社の持ち株比率は、6月提出の64%弱から88%強に急増した。上場廃止基準の80%を大きく超える法令違反である。

堤は「経営の第一線から身を引きます」とメモを読み上げた。質問には「最近に知った。昔からの会社の体質を踏襲した」「素直に言えば株主実務や法令に疎かった」「役員会も私がいるとモノが言えなかった」など自己弁護に終始した。

3月に総会屋問題で西武本社が警視庁の摘発を受けた際は、44日後に西武鉄道会長職の辞任を発表し「グループ全体には私が必要」と他のすべての要職にとどまった。それから半年、こんどは「私がいるとモノが言えない」と自分への〝評価〟を変えての辞任発表だった。球団オーナーは「優勝したから日本シリーズ終了まで続ける」と語った。

根来は以前から堤について様々な感想を語っていた。

翌日にオーナー会議を控えた9月7日。報知記者の名取広紀はじめ根来番の記者数人に「西武は神様と現場の距離が離れすぎている。どんな組織でも上が力を持ちすぎると下からの意見が届かなくなる。そうなれば上がしゃべる内容は空理空論になる」と「もう1組」に懸念を示した。

「1リーグなんてできない。企業の合併であぶれた人は社会が吸収する。野球の場合、あぶれた選手は球団しか救済できない。その選手を救済する覚悟は？　財源は？」と指摘したこともある。堤は根来の懸念とは全く別の形で自爆、オーナーを辞任した。この件で堤は05年に証券取引法違反（有価証券虚偽記載、インサイダー取引）に問われることになる。東京地裁は「長年にわたり投資判断を左右する重要事実を偽り証券市場の透明性を害した」「虚偽記載の事実の公表前に多額の株取引を行った」と厳しく断罪し懲役2年6か月（求刑3年）、執行猶予4年、罰金５００万円、西武鉄道は虚偽記載で罰金2億円、インサイダー取引のコクドも罰金１億５０００万円が05年10月27日確定した。

西武ライオンズとダイエーホークスは、パがこの年から導入したプレーオフで激突し、11日に西武がパの優勝を決めたばかりだった。パの主役2球団を同時に襲った大激震をスポーツ紙はもちろん、一般紙も朝刊の１面、経済面、社会面、スポーツ面を埋め尽くして伝えた。

孫正義疾風の動き

ソフトバンク社長の孫正義は10月18日朝10時過ぎ福岡空港から福岡県庁へ直行、知事の麻生渡と面会した。朝日新聞が「ホークス買収　きょう表明」と朝刊で特報した。

実際には、孫と県知事の面会の日取りは15日に決まっていた。ダイエーが機構に支援要請したわずか2日後のことだ。水面下で周到な準備を進めていたことを思わせる早業だった。

孫は「私は少年時代に福岡で育ち、サードで3番打者」と福岡と野球の縁を麻生に語り、地元のホークス球団買収への理解を求めた。その後市内のホテルで記者会見した。

「02年からダイエーに（非公式に）打診してきた。ダイエーが再生機構へ支援要請したので名乗りを上げた。それ以前では不要な混乱を引き起こすと配慮した」

「保有株に2兆円の含み益、現預金も５０００億円ある。通信事業の顧客獲得に１０００億円使っており、数十億の球団赤字は問題ではない」

「球団は企業イメージ浸透や認知度向上の大きな力となる。経費を節約して球団を小さくまとめる気はない」

「今の球団は実質的オーナーが不在。国営球団は良くない。１日も早く結論を得たい」

「球団名に『福岡』と『ホークス』を残そうと思う。福岡は出身地であり、王監督を子供のときから尊敬している。来季以降もぐいぐい引っ張って欲しい」

王に話が移ると背後のスクリーンはすかさず、プレーオフで敗れた王の写真と「この悔しさは来年お返しする。日本シリーズに出られなかったことも実力だ」との言葉をアップした。

同夕、孫は都内のホテルでも会見、パネルを駆使して球界参入への意欲を２時間も語った。

ソフトバンクのダイエー球団買収の意向を、球界は前向きに受け止めた。パ会長の小池唯夫は協約上の新球団の参加期限は「実行委などが認めれば延長可能」と全面協力を示唆、阪神久万俊二郎も「大企業を拒否する気はない。協約の期限を過ぎても審議は可能」と歓迎した。

巨人の滝鼻卓雄は19日「保有したいだけではオーナー会議は動かない。予想したわけではないが、先の会議でどんなことでも機動的に対応すると決めている」と語った。

球界首脳の声には、「ホークス」が国営球団になって、選手会と合意した「来季６・６制」や「交流戦」が反故になるのを避けたい共通の意向が強くにじむ。

孫はこの日、再生機構社長の斉藤惇に「ダイエーの査定を公正、オープンに進め、私どもにもチャンスが欲しい」と直訴し、斉藤は「ダイエーの支援企業の判断による」と答えた。

この日以降、マスコミの報道はライブドア、楽天の新規参入に集中し孫やソフトバンクの情報は途絶えた。

11月３日朝７時。ＮＨＫニュース「おはよう日本」が「ダイエー　球団株をソフトバンクに譲渡の意向」と伝えた。骨子は次の通り。

「ダイエーが保有する『福岡ダイエーホークス球団株』の大部分をソフトバンクへ譲渡すると主力行へ伝えた。球団株はダイエー98%、オーナー中内正が2%を持つ。ダイエーは引き続き20%程度を持って球団運営に関与する」

　事実なら新球団・楽天の誕生を凌ぐ大ニュースにも、報道の出足は鈍かった。夕刊発行がない祝日だったためだ。4日朝刊で朝日、読売、報知が関係者の取材からNHK報道を追いかけた。読売が1面で「ダイエー球団株の売却先　ソフトバンクで調整」、社会面で「ソフトバンク参入現実味　孫社長動き精力的」と一歩踏み込んだ。朝日も「単独保有から方針転換」と1面で報道した。報知も「来季にもソフトバンクホークス」と大報道したが、スポニチ、日刊は「NHKが伝えた」と小さく報じた。その日の夕刊で北海道、中日新聞が続いた。

◇**「ダイエー球団株売却検討　ソフトバンクに　コロニー働きかけ」**（「西日本」5日）＝コロニーの最高幹部がソフトバンクへの売却をダイエーに求めているとの核心の情報。

◇**「ホークス売却先　米コロニーが指定　秘密契約」**（「日経」5日）

◇**「ダイエー　球団株今月にも売却　ソフトバンク最有力候補」**（「毎日」5日）

日刊、スポニチも「球団売却で密約か」「価格など詳細に」と報じた。このため、コロニー駐日代表増井利夫が同日、「球団売却先の推薦権利はある」と認めた。

◇**「ダイエー球団の行方　早期決定も　売却秘密契約　コロニー認める」**（「産経」6日）

◇**「ダイエーの秘密契約を問題視　再生機構　売却凍結要求も」**（「デイリー」6日）

各社の報道時期がこれだけばらつくのは、それだけ関係者への情報管理を徹底したからだ。

10日の日経はソフトバンクが「コロニーから主催試合の入場券販売をはじめとする興行権も同時に買い取る交渉に入った」と報じ、事態が核心部へ進んだことがはっきりした。

12日、初めて孫とダイエー新社長の蓮見敏男が会談し、ソフトバンクへの「ホークス球団売却」で合意した。孫が福岡へ乗り込んでわずか25日、ソフトバンクの球団買収は事実上の決着をみた。あとの関門は産業再生機構とＮＰＢの判断である。

プロ野球実行委員会は15日に開かれた。ダイエー球団代表・角田雅司が球場、ホテルをコロニーへ売却した際の基本契約を次のように説明した。

ダイエーは球団売却先の推薦権をコロニーに与えた。推薦対象は「社会的地位が高い業種」「東証一部上場」。さらに「球団の事業価値を50億円」と評価し、「加盟料を支払う」資力ある企業とした。今回、コロニーが条件をすべて満たすとソフトバンクを推薦した。資産査定中は資産譲渡の自粛が原則だが、支援要請前の契約を履行することに経済合理性があれば譲渡は可と再生機構から判断を得て、ソフトバンク社への球団譲渡を交渉中である――。

売買に双方合意、資金面調整済み、再生機構も了解済み。球界の懸念をほぼ消し去る説明に実行委は安堵した。さっそく「特別の場合は延長できる」を援用し「前年11月30日まで」の新球団加盟期限を翌年1月31日まで延長。12月6日公開ヒアリング、20日実行委、24日オーナー会議の実施を瞬く間に決めた。すべてソフトバンクへの球団売却、最終承認を前提にした日程編成だった。

公開ヒアリングは孫が出席した。

「再生機構は支援を決めたわけではない。現時点は私たちの意志で売買を決められる」

「コロニーが持つ興行権は買い取る。球場は年間48億円で最低20年は賃借する」

「野球は国技、プロ野球は国民的公共財だ。社会の一員として加わり貢献したい」

「清く正しくファンに愛される球団を作り、王監督にはＧＭもお願いする」

「清く正しく」は88年秋、南海ホークスを買収した際にダイエー中内㓛が使ったフレーズだ。孫は福岡で根強い人気がある中内への敬意をさりげなく示した。

実行委が売買を承認後の24日、オーナー会議はソフトバンク社の「ホークス球団」買収、参入を承認した。福岡市内のホテルで孫は王と世界へ向けてインターネットで記者会見した。

孫は球団名「福岡ソフトバンクホークス」をまず発表、黄色と黒を基調とした球団のロゴマークをふたりで高く掲げてほほ笑んだ。「球団は地元のファンや選手、監督と一緒に持つ。皆さんのホークスを一生懸命応援する」と孫が語り、王は「孫社長と何度か話し合った。『日本一は私の夢ではない。世界一が夢だ』と言われた。来季は今季の悔しさを倍にして返す。ファンの皆様にはこれまで以上の応援をお願いしたい」と決意を語った。

孫の球界参入表明から最終決着までの2か月余は節目ごとの情報をマスコミが派手に伝えた。しかし、「ソフトバンク社内の参入表明前の動き」、表明直後からＮＨＫが伝えるまでの「空白の2週間」、そして「再生機構が認めた経緯」は、なおベールに包まれていた。

「電話1本で買収を決めた」

「福岡での参入表明がその日（04年10月18日）とすると数日前にはすべての準備が整っています。

暑い時期に参入論議が本格化した。そう、パの順位争いが一段落した時期で、楽天はもう参入を表明していた。われわれの論議は楽天の動きとは全く関係ない」

現ソフトバンクグループＣＦＯ（最高財務責任者）、ホークス球団オーナー代行兼社長の後藤芳光は遠い日の記憶を辿りながら、表明前のソフトバンク社内の動きを振り返った。

猛暑続きの04年9月19日、東京は67日目の夏日を数え過去の最多記録と並んだ。３日前に楽天の三木谷が球界参入を表明した。21日にダイエー1位、西武２位でプレーオフ進出が事実上決まりパの順位争いは一段落した。23日はストが収拾した。ソフトバンク社内の論議本格化は後藤の説明と状況が重なる20〜23日前後だろう。

ソフトバンクの球界参入は、球場保有者コロニー・キャピタル、話をつないだゴールドマン・サックスとソフトバンクの主要幹部が連日東京駅近くのホテルで夕刻から未明まで会議し最高幹部へ報告、また実務者会議を続け10月上旬、最後の〝詰め〟に入った。

野球に関する全権利はコロニーが持つため、ソフトバンクはダイエー抜きで交渉した。球団はダイエーが保有しているものの、球団とコロニー傘下のホークスタウン社間の「契約」によって、球団は事実上コロニーの支配下にあった。コロニーは球団、球場、ホテルの一括買収を要求、ソフトバンクは「不動産は不要」と断り、最終的な交渉は球団の確保と球場の賃借条件へ移った。

球場の賃借料、期間などで最終合意が迫るなか、トップ会談は球界参入表明前に理解を得ておくため挨拶が必要な機関、団体、個人との接触ルート確認も併せて進めた。

当時財務部長だった後藤もトップ会談に同席した。挨拶先に予定したＮＰＢ、再生機構、地元の福岡県、福岡市の政財官界には３社それぞれに確かなルートがあったが、政財官界、球界へ大きな影響力を持つ前巨人オーナー渡邉恒雄へのルートは全くなかった。
「全員が黙りこんでシーンとなった。そこで、なんならウチの親父に頼みましょうかと言った」。父は広島テレビ社長の後藤文生である。読売の婦人部長、社会部長を経て論説委員となり、主筆・論説委員長渡邉の薫陶を受けた。経歴を知った孫は「早いほうがいい。頼んだ！」と手を叩かんばかりに喜んだ。

父はたまたま東京に出張中で、神奈川県内の留守宅に滞在していた。後藤の家はその隣だ。後藤の頼みに父が動き2、3日後に渡邉・孫会談が実現した。「渡邉さんは読売本社近くの高層ビル内の行きつけの和食店を会談場所に選び、球界参入のアドバイスと激励をもらった」と孫は後藤らに報告した。渡邉は少年期の孫の苦労話や、米国留学の経緯、研究内容、事業欲などを聞いてすっかり意気投合し、後藤の父へ「孫はいい男だ」とわざわざ電話したほどだ。

コロニーとソフトバンク社を結んだゴールドマン・サックス日本法人社長の持田昌典は「3社トップ会談大詰めの日、急用で孫さんが遅れた。渡邉さんとの面談はその日では」と推測する。
「簡単に言えば、コロニーは球団を売るが、観客が入らなくとも球場の一定額の利益を保証せよ、設備補修も負担せよと要求した。球場の賃借期間は長期に及ぶだけに不確定要素も多い。先の先までキャッシュフローを保証すると苦労する。私は反対したが、結局孫さんは条件を飲んだ」

〝その日〟孫と渡邉は何を話し合ったのか。一部を渡邉が明らかにしている。
「ダイエーホークスの売却先がどこになるかって言われていたとき、僕は彼（孫）に『資金に余裕あるなら投資しませんか？』って話したんだ。すると、その日のうちにほうぼうに連絡し、球団だけでなく福岡ドームも押さえちゃった。彼は国際派で、ドームの興行権をもっていたコロニー・キャピタルのバラック会長のことも知っていたらしい。だから電話1本で買収を決められたんだね」（『闘争　渡邉恒雄の経営術』）

筆者は毎日新聞元政治部記者の三宅久之。渡邉の盟友である。三宅のインタビューに渡邉が政治、経済、人生、野球を縦横に語る中のひとコマである。

後藤は、「福岡ドームも押さえた」の意味を「球場の賃借条件を決めて興行権も同時に確保したことを指したもの」と解説した。

渡邉は福岡3事業の実態を「球場が興行権を持ち、ホテルは入場券を集客に利用している。球場が外資に渡れば球団は外資に従属する」と懸念して03年秋に各オーナーへ書簡で注意を促した。04年春には「ダイエーの興行権は外資に渡った」と明らかにし、常にダイエー球団の興行権を球場が一手に握る独特の仕組みを注視していた。その知見を活かし孫へ興行権入手を促したと推測できる。まさにソフトバンク社とコロニー側が球場の賃借を巡り、最後の火花を散らしていた時期に面談が重なったのである。

ソフトバンク社やコロニー、ゴールドマン・サックスの間では孫の球団買収、球界参入表明前にこうした議論や準備を着々と水面下で進めていた。「その日のうちに電話してドームを押さえた」はややオーバーだが、渡邉の助言への素早い孫の対応は球史の節目となる決断だった。ソフトバンクが参入を表明する前の動きの一端が判明した。

「興行権押さえた」孫の極秘行動

次は10月19日に孫が再生機構を訪問してからＮＨＫが報道する11月3日までの「空白の2週

間」と、再生機構が売却を認めるまでのプロセスだ。楽天、ライブドアの新規参入の行方に世間の注目が高まる10月28日、巨人オーナーの滝鼻は社長室で孫から電話を受けた。お互いに面識はないのに直接の電話である。

孫は挨拶抜きで「あす御社へ行く」と伝えて要件に入った。

◇ソフトとコロニーが権利を取り戻すことで基本合意

◇11月2日のオーナー会議に間に合わないが早くオーナー会議へ相談したい

ほかに「再生機構も前向き」「ダイエーとあった」など走り書きがノートに残る。

「権利を取り戻す」は、コロニー側が持つ野球関係の諸権利をソフトバンクが獲得するという意味だ。コロニー傘下のホークスタウン社は入場券独占販売、放映権などの興行権を押さえていた。

渡邉から助言を受けた孫が、早くもコロニーから興行権を入手することで基本合意したのだ。渡邉からヒントを得た孫の成果である。実際にマスコミが興行権入手を伝えたのは11月10日以降だから、孫の潜行活動の深さを示す一例だ。

同じころ、読売グループの山口寿一も、孫のスピーディーな行動を渡邉から聞いた。

「孫さんは夜の会食のほか、何回か昼にも主筆の所に来ていた。そこで外資（コロニー・キャピタル）の問題を伝えたと思う。コロニーは（ダイエーホークスが主催する）入場料収入を受ける権利とか、いろいろ球団経営の自由を束縛する権利を持っていた」

「ハワイだったか、とにかく外国で孫さんは得意な英語でコロニーと直接交渉して権利をはぎ取って帰ってきた。『孫って奴は凄い。たった1日半かそこらでここまでやる』と舌をまいていた」

コロニーと孫はすでに10月26日、「ホークス球団の売却先にソフトバンクを推薦する」との中立書をダイエーへ連名で提出し、着々と外堀を埋めていた。

ホークスには専用球場福岡ドームと松中信彦、城島健司、井口資仁、和田毅ら日本を代表する選手が揃う。観客数は年間３００万人を超える。資金力豊かなソフトバンクが参入し安定した「６・６体制」維持を望む球界の願い通りに、球団買収交渉は深く静かに猛烈な速さで進んだ。最後の関門が再生機構の判断だった。

再生機構が認めた経緯

再生機構の斉藤惇は野村證券副社長だった90年代から渡邉と親交がある。ダイエー「第二次身売り騒動」（03年）の際は渡邉が斉藤を招き、「球団を外資へ売るのは駄目だ」「球団は社会の文化的公共財であり簡単に売り買いする商品ではない」と野球協約を手に球界ルールを説明した。ダイエーの苦境が深まった04年も２人だけの酒席で「苦労したタダシが気の毒だ。何とかしたい」と悩む渡邉を「なべさん。そんな個人的なこと考えちゃだめよ」と斉藤が冷やかす間柄だった。タダシとはダイエー球団オーナー中内正のことで、渡邉は父親・中内功と親交がある。

斉藤をソフトバンク社取締役の笠井和彦が訪ね、「球団を手放す場合には、我々は買収に興味を持っていますと、ダイエー首脳にお伝えください。さらには、産業再生機構にも、バックアップしていただけるようにお願いします」（『孫正義　世界20億人　覇権の野望』ベストセラーズ、２００９年）と伝えたことがある。恐らく９月下旬から10月上旬、社内で球界参入を論じ始めたころ、いずれ機構を訪問する孫の前捌きの意味だろう。

笠井は元富士銀行副頭取、安田信託銀行会長を歴任した。孫の熱心な誘いを受けてソフトバンク入社後はご意見番として孫を支えた。後藤も安田信託時代の部下である。

斉藤は支援要請してきた企業の事業再生案を練り、手放す資産は可能な限り高く処分できれば良い立場だ。機構が支援を決めて、非主力行の債権を買い取る原資は税金である。斉藤は「国民の財産を毀損しない」「裏取引はしない」という信念を持ち、「球団を買う先が外資でも、高く売れて国民のためになればよい」と考えていた。

しかし、球界には特有のルールがある。ダイエーの全資産は球団株も含めてすべて再生機構が管理するが、実際に球界が認める買い主が現れるかが問題だった。買い手が現れない限り球団株には何の価値もない。そこへソフトバンクの「興味ある」という申し出である。

笠井の申し出を受けた斉藤は「うるさい人がいる」と思った。渡邉のことだ。渡邉は「外資はＮＯ」と同時に「投機目的や短期の球団経営」も激しく忌避する。

孫やソフトバンクの積極的な活動は、高い評価と、本業が分かりにくいなどの疑念が絶えず交錯した。日本債券信用銀行（現・あおぞら銀行）株の49%を持つ筆頭株主となった3年後の03年9月に全株を米投資ファンドに売却し「熱しやすく冷めやすい」と言われたこともある。孫がホークス買収を表明した際も福岡の財界には「すぐ売却する」と懸念する声があった。

斉藤はダイエーの資産査定の開始後に、現場へ「国民の財産を毀損しないことが大事だが、球団を単純に外資へポンと売ることはあまり考えるなよ」と注意した。

ダイエーの支援要請と孫の「ホークス買収表明」。球団の扱いで頭を痛める斉藤へ「孫さんでいいじゃないか」と渡邉が電話してきた。「あー、そりゃいいですね」と斉藤は応じた。

斉藤はのちにＮＰＢコミッショナーとしてコロナ禍の球界を支える数奇な道を歩む。ただし、渡邉の電話によって機構が球団売却を決めたわけではない。

客観的な事実は、①機構への支援要請をする前にダイエーが、コロニーへ球団の売却先を推薦する権利を与えていた、②コロニーが権利を使ってダイエーにソフトバンクを推薦した、③支援要請前の合意事項を実行することに経済合理性があれば査定中でも資産処分は可とする——の3点から機構が球団売却を認めたに過ぎない。

渡邉が斉藤へ電話した日時や効果は特定できないが、少なくともマスコミに気づかれないままに、ソフトバンクの球界参入の潤滑油の役割を果たしたことになる。

引き継がれた応援歌

潤滑油といえば、応援歌の「ダイエーホークス」が「ソフトバンクホークス」へ入れ代わっただけで歌詞や曲がそっくり引き継がれた際の地元財界の活動もそうだ。

「玄界灘の潮風に」で始まる応援歌は「いざゆけ炎の若鷹軍団　我等の我等のダイエーホークス」（1番）で最高潮に達し、風船が舞った。宴会や結婚披露宴ではダイエー部分を社名や新郎新婦名に置き換えて歌うなどさながら県民歌のように定着した。

NHKの報道以来、しだいにソフトバンク参入の可能性が高まると、地元財界やファンの間から球団名に「ホークスを残せ」の声が高まった。王貞治の後援会「王友会」会長の大野茂（九州電力相談役）がついに12月5日、「王さんが監督である限り支援する。ホークスを残し、できれば応援歌も」と表明した。地元財界の実力者、福岡地所会長の榎本一彦も師走のある日、数人の地元財界の仲間と孫を繁華街中洲のクラブに招いた。

「私たちはソフトバンクが福岡へ長く定着することを願っています。そう頼んで応援歌を歌った。最後のダイエー部分がソフトバンクになると字あまりになる。そこで〝ソフバンクホークス〟と、はしょって歌った。孫さんは笑っていたが……」

彼らの必死の歌声が響いた。応援歌は社名だけを変えて残った。

榎本は、元日本青年会議所会頭。球界参入前にソフトバンクが挨拶した1人で、九州電力や西鉄などで構成される「七社会」と並び中央の政財官界に知られた存在である。ダイエーホークス誕生の際に中内㓛の密命を帯びた懐刀が頼った先も榎本である。

選手会事務局長・松原徹の本音

ソフトバンクの参入で球界は半年ぶりに落ち着きを取り戻した。渡邉の「たかが選手」発言、言葉の行き違いからスト突入、テレビで見せた古田敦也の涙……すべてがＮＰＢ批判に集中した熱波は時間が経てば冷め、本音が語られることもある。

スト突入の一つのきっかけとなった古田の「近鉄が残る可能性」の発言に、選手会事務局長の松原徹は意外な本音を『球界再編は終わらない』の中で語った。書籍はスト突入から半年後の05年3月に日本経済新聞社が出版した。

「私も驚いた。すでにオーナー会議で承認されている事態を労使交渉の場で撤回することはできない。そのことは何度も選手会で話し合っており古田会長も十分理解していた」

「交流戦や放映権収入を考慮して（ＮＰＢが）シミュレーションすれば、近鉄の赤字が存続可能な範囲まで縮小できる結果が出るかも知れない。それを踏まえＮＰＢが自発的に統合の取り消しを決断してくれると期待して発言したことと思う」
古田は選手会とＮＰＢが歩み寄ってスト突入を見合わせた9月10日の「握手なきスト回避」後の記者会見で「大阪に近鉄を残す可能性を探していただけるということなので、この2日間にストはできないと判断した」と語った。ＮＰＢ側が「可能性を探す」と発言をした事実はない。ＮＰＢが16日からの交渉の冒頭で古田に発言撤回と謝罪を要求し、事実が正確に伝わるよう会議の公開を要求した。選手会は拒否した。こんなことの積み重ねが互いに持つ不信感を膨らませ、ついに暴発、スト突入の誘因にもなった。

選手会側も統合撤回という経営問題を球団に要求できないことは分かっていた。「そこで統合だけでなく10球団1リーグなどをきちんと議論すべきだと問いかける戦法を取った」ものの不信感は増幅するだけだった。

松原らは、シナリオがあるように進む合併への疑問と、反対する多くのファンの声からストを意識し始めた。

「7月7日のオーナー会議で球団統合がさしたる議論もなく承認された時点でストを意識した。一部の1リーグ論者が水面下で球団削減を目指していることが分かった」

「選手会はファンの声を無視することはできない。署名活動やデモ行進などファンが統合阻止に具体的行動を起こしている以上、選手会としてファンの姿勢に応える必要がある」

「たかが選手」について「古田選手会長は激高することなく冷静にうけとめていた。なぜなら選手会長が1球団のオーナーと球界全体の問題について話し合うことなどできないのは明らかだ。あの発言で選手たちの結束が強まった」。

10、11日の名古屋、長野のオールスター戦では外野席に「合併反対」のプラカードや横断幕を掲げたファンがいた。長野ではユニホーム姿の近鉄ファン約20人が古田に「近鉄を残してください」と陳情した。選手はファンの高まる熱量を実感した。

ＮＰＢへの松原の強い不信感も具体例で示し、ストの要因になったと明言した。

「根来コミッショナーとてオーナー会議の議決権はなく、最終権限を持っているとは言えない。選手会として誰と話し合えばいいか分からなかった。今も分からない」

「話してお互いに不信感をぬぐえなかった。それがストを招いたという点は否定できない」

「交流試合の効果などを測る経営シミュレーション。パは6球団でも5球団でもさほど経営への影響は変わらないという結果が示された。真剣に検討したのか疑問がある」

「近鉄はファンサービスに選手の人形を渡しているが、のちに役立つメールアドレスも集めていない。ファンの情報を集めて有効利用する発想がない」

「そもそも12球団の代表者の権限がバラバラだった。ある出席者は事態が推移するたび携帯で誰かに連絡し指示を仰いでいた。これでは交渉がまとまるはずはない」

松原が語る不信感は留まることなく続く。指摘は的確で否定する材料はない。

スト決行前後のファンの心理変化も体験した。

「ストを延期した時には、ファンからなぜストをしないかという電話が事務局にかかってきたが、決行を決めるとなぜストなんかするのだと抗議の電話ばかりだった」

「大多数はストを支持してくれたと信じるが、試合を見逃したファンの声に胸を打たれた」

「分かっていたが、実際の声を聞いて改めて重大な決断をしたと思い知らされた」

松原の本音に従えば、選手会は7月段階で合併阻止はできないと判断した。しかし「たかが選手」で団結が高まり、「選手やファンの声を無視できなくなった」。NPBと話し合いを重ねたがぬぐいがたい不信感が生まれストにつながったことになる。

スト終結の際、朝日は「『たかが』とまで言われた選手たちの主張に人々はうなずき、その結束を後押しした」。経営側は「球団を減らそうとしていた方針を変え、来季からの新規参入に前向きになった。この君子豹変は評価する」と社説で書いた。

運動面のコラムも「世論のスト支持、風向き変えた」(23日)、「世論が支えた3カ月の戦い」(24日)と選手の活動を支えた世論の力を中心においた。

当時の熱狂的な選手会支持の空気、「たかが選手」発言、選手会へのNPBのあやふやな対応、巨人戦を巡るセパの利害対立などから批判は生まれるべくして生まれた。

滝鼻「合併の穴埋め考え続けた」

04年騒動で一番苦労したのは、巨人軍オーナーに突然就任、オーナー会議議長の重責も背負った滝鼻卓雄に違いない。節目の場面でなにを思い、将来の球界や野球協約に何を感じたか。数回のインタビューで見えて来た本音を紹介する。

――慌ただしく見える就任経緯からは大した準備期間があったとは思えない。実際に、オーナー就任を言われた時期を知りたい。

「7月29日からハワイで夏休みを過ごし4日に帰国した。専用車の中に〝すぐ主筆に連絡を〟と秘書のメモがあり電話した。主筆は軽井沢で夏休みの静養中だったが、かくかくしかじかの理由でオーナーを辞める。後任は君だ。あとは頼むと言われた」

「ハワイへ出発前日、ドームのスイートルームで主筆、招待客と試合を観戦したときに巨人軍幹部が主筆に学生選手を不正勧誘したと説明していた。私には直接関係ない球団のことであまり気にしなかった。まさか火の粉が飛んでくるとは考えなかった」

――球界を取り巻く危機的な状況を理解していたとも思えない。実際に当時の球界の問題はどの程度把握していたのだろうか。

「日本テレビの幹部が主筆にデータを示しながら野球の視聴率低下を盛んに訴える場に同席した。攻守交代時に入る短いスポットは順調だが、番組自体を提供するスポンサーがなかなかつかないと知り、野球界への危機感はある程度あった」

「主筆から雑談で時おり、各球団の経営状況も聞かされていた。球界の知識がゼロだったわけではない。就任後しばらく主筆と野球の話はしなかったが、近鉄・オリックスの合併で1球団減る穴をどう埋めるかを必死で考えていた」

――オーナー辞任を発表した際、「渡邉は1リーグ論者ではない」「1リーグを推進する気はない」と発言した。従来の渡邉氏の主張と違う気がする。発言の真意はどこに。

「意識して喋った。あまり詳しい知識がない立場から、球界に入るのだから、主筆の従来の考えを正確に知っていなければならない。軽井沢だったと思うが、そこで2人だけの会話で確かめた。『俺は1リーグ論者ではないからな。2リーグで行く』とはっきり聞いた。マスコミ一般に伝えられた内容とは違う。ここは明確にしておく必要があると判断した」

――8月30日に「もう1つの合併は急ぐ必要はない」と発言した。9月8日のオーナー会議で合併と〝もう1組〟を審議するはずだった。この発言の理由や真意はどこに。

「新聞協会の地下で記者団につかまった。もう1組の合併はあやふやな認識があった。このころは根来さんとの間で野球協約を緩やかと言うか、超規約的に解釈することも選択肢としてあるなとの考えで一致していた」（著者註・滝鼻が新聞協会で記者に囲まれた日は、西武がオーナー会議で「もう1組は進展がない」と報告した日である）

――「超規約」や緩やかな解釈が意味することを具体的に説明して欲しい。

「民事裁判はあらかじめ、多くの人が納得する着地点を求めて結論を導く。その典型は四日市公害裁判だ。公害発生源となる煤煙排出のコンビナート群がある地域一帯では、全国的にみて異常なぜんそく発症者が出た。どの工場の煤煙が誰の発病に結びつくか。因果関係を立証できるはずがない」

「司法記者だった当時、最高裁民事局が盛んに公害訴訟で因果関係を緩やかに解釈する研究を重ねていた。そこは一つ一つの細かな事実を重ねて立証する刑事裁判と決定的に違う。超法規的とは言わないが、野球協約も民事訴訟と同じく、多くの人が納得できる〝超協約的〟運用が良いと思い、早い段階で根来さんと話しあって意見は一致していた」

「協約はオーナー会議開催、新球団の参加など様々なことに時間的制約がある。変動期の球界だ。わずかな時間差で多くの人が納得する結論が得られるならば、それがファン、球界のためになると考えていた。あくまでケースバイケースだが」

――9月8日のオーナー会議は「球団合併の1年延期を認めねばスト」宣言の中での合併承認、会議後は議長として「機動的」に動く、「今日の段階では」の言葉に特別な含みは？

「選手会がストへ突入する危機感は正直あまりなかった。〃今日の段階〃〃機動的〃の意味はダイエー問題が予測不能のトンネルに入るため、野球協約上のさまざまな制限に縛られず適宜対応する願いからだ。何度も機動的と言った記憶がある」

「緊急事態が起こることもある。協約に縛られず6・6の2リーグを実現させたかった」

「当日か前日、堤構想は砂上の楼閣と確度が高い情報があり、その認識で会議に出た」

――各オーナーに、実行委員会にある程度権限を与えて欲しいと要望した。

「実行委は6日に合併を承認した。オーナー会議では久万さんや白井さんが決定を無視した発言をした。これでは何も決められない。交流戦にしても、オーナー会議で審議する前に実行委で交流戦を練ってもらう。まとめた結論はオーナー会議も尊重する気持ちからだ」

――オーナー会議終了後、「球団消滅やその他の動き」の発言が、9日には「球団消滅や有力球団の新規参入」と変わった。特別な意図があると受け取れる。

「8日から9日に新しい情報が入ったのかは今となっては分からない。セ6、パ5の球界運営と交流戦実施を提案した。交流戦はパの救済目的だが、その間にセの1球団は試合ができない。それでいいのか、ずっと考えていた」

――楽天の三木谷さんと会ったことは?

「私は楽天の参入情報を知人から漠然と聞いた。オーナー就任後だ。その後社長室に1人でいるときに立ち上がってその知人に『先日の話は生きているか』と大声で聞いた記憶がある。備忘録の9月16日に「帝国ホテル18時30分楽天」とメモがある。三木谷さんと会ったのか、あるいは知人から楽天の話を確かめたものか……。知人の連絡先もメモにあり、あらゆる記憶、時間的な経過がごちゃごちゃで正確なことは分からない」（著者註・楽天の情報を滝鼻にもたらした知人は元資源エネルギー庁資源・燃料部石油・天然ガス課長平田竹男である。エネ庁在職中から日本サッカー協会国際委員を務め、ワールドカップの日本招致にも尽力した。のちサッカー協会専務理事、早稲田大学大学院スポーツ科学研究科教授、東京五輪推進本部事務局長などを歴任し、サッカーを通じ三木谷、井上と親しい）

――9月23日、読売新聞の2度目のインタビューで「パは6球団が理想」と明言した。スト回避を狙った発言か。

「インタビューには伏線がある。21日に編集主幹として出席した編集部長会で社会部長の五阿弥（宏安）君が『あの社説はどうみてもおかしい』と指摘した。同じ日の役員会で、他球団の合併でなぜ、読売が叩かれるのか。反撃すべきだ、と古手の役員からも苦言めいたアドバイスがあった」（著者註・編集会議で「社説がおかしい」と声をあげた五阿弥は「論説の内容よりも見出しが上から目線だった。社会部にも盛んに苦情が寄せられていた。そこで〝苦情があり、私もそう思う〟とその場で発言した」と語った。社会部への苦情は9月18日の社説の見出し「ファン裏切る〝億万長者〟のスト」のことだ。社説内容はストを「試合を楽しみにしていたファンへの裏切り行為」、94年の大リーグストを「高額年俸の抑制制度に選手会が反発し」とは書いたが億万長者とは一言も書いていない。必要以上にセンセーショナルで選手会を刺激し、ストに中立的な野球ファンにまで不快感を与えた見出しだった）

「そこで翌日午後、球界のあるべき姿は12球団による2リーグなどいつもの考えをインタビューで話した。23日は祝日。24日主筆から、あれでいいじゃねえか、と言われた」

――面識がないソフトバンクの孫さんから10月末に電話をもらったようだが、彼はなぜ人も介さずに電話したのだろう。受けた戸惑いは？

「その前に主筆から、『こういうことで孫さんと会った。細かいことは滝鼻に連絡するようにと伝えた。連絡が来るかもしれないからそのつもりで対応頼む』と言われていた。電話が来るよりすこし前のことだから、あまり違和感もなくスムーズに会話できた」

以上が04年の騒動に関する滝鼻の本音の回想だ。

暴風圏突入への道程

春先から球団数、リーグ構成で揺れ続いた動乱を改めて振り返っておく。

６月13日に近鉄・オリックスの合併構想が表面化して以来、マスコミは一斉に「１リーグ・10球団制」が視野に入ると伝えた。選手会長の古田敦也は「選手はみんな不安を感じているだろうからまずは身分保障をしっかりして欲しい」と当然の発言をしたほかにも「親会社は経営が苦しい球団を売りたがったが、加盟料問題がありそれができなかった。システム上の問題もある」と高い意識を見せた。

選手会は「ことが急に進みすぎる」「時間をかけて論議したい」と表明、ＮＰＢ側は両球団の経営上の問題から合併は動かせない立場で、双方の言い分は最初からかみ合わないままに対立だけは激しさを増した。

経営が苦しいパ・リーグの構造問題をオリックスの宮内は、騒ぎが一段落したあとで、朝日新聞発行の「論座」（04年12月号）で存分に語った。概要は次の通りだ。

球界は「１対５対６」に分類される。１は巨人軍で野中の一本杉の存在。新聞、テレビを使ってプロ野球の隆盛をもたらした。５はその下に集うセの球団で巨人戦の放映料に頼り巨人の言い分を受け入れるグループ。６は対岸に位置するパである。ここは巨人戦を主催できないから必然的に経営は苦しい。だから「球団を持つことは意義がある」「優勝セールでもうかる」と呪文を唱える、などと球界の実情を見事に分析している。

合併構想を受けた7月のオーナー会議で西武の堤が「パでもう1組の合併が進行中」と爆弾発言をした。議長の渡邉は記者会見で「議案が終わったあとで堤オーナーからもう1組の合併が進行中と重大な発言があった」「我々も分からない」と発言を紹介、「さらに整理、統合が進むならとりあえず10球団1リーグと言うこともあり得る」と語った。

新聞、テレビが議案外の発言に飛びつき、騒ぎは急拡大した。そこへ渡邉の「たかが選手」発言が重なった。多くのマスコミが選手会＝善玉、ＮＰＢ＝悪玉論に立った。

合併構想が表面化した当日、「パが検討すれば受け入れの用意はある。10球団が許容範囲、理想は8」と語った阪神久万は7月13日、「1リーグ制より2リーグ制がいいに決まっている」と突然に方針転換、さらに球団社長・野崎勝義が2リーグ制維持に巨人を除くセ４球団をまとめにかかった。

「今ごろそんなことを言ってもダメ」と久万に異を唱えたのはロッテ総帥の重光武雄だった。ロッテは合併構想表面化の翌日、球団社長の濵本が「白馬の騎士となって球界を救う」と球団代表の瀬戸山へダイエーとの合併に伴う必要選手のピックアップを求めるなど前のめりの姿勢で取り組んでいた。

選手会とＮＰＢ、セでは巨人と5球団、セパの対立と幾重にも重なる複雑な動きに読売新聞主筆室の情報を重ねると、それぞれのピースが意味ありげに結びつく。

当時、西武から渡邉に堤の動向がもたらされたことは一つの典型だ。前総理の森喜朗が同席する場で、堤がロッテのオーナー代行の重光昭夫へ「ダイエーと合併したらどうだ」と勧めた話である。

ロッテ球団社長濱本の「白馬の騎士」論（6月14日）、1リーグ制に賛成だった久万の2リーグ制への方針転換を総帥の重光が「今ごろそんなことを言ってもダメ」（7月13日）と厳しく反応した事実、重光昭夫が「他球団に背中を押されて合併を検討した」（9月8日）などは、すべて森の前で堤がダイエーとの合併を勧めたことと結びつくのか。

そして8月13日、スカウトの大学生選手への現金供与で渡邉が巨人オーナーを突然辞任して球界の混迷は一段と深まる。

渡邉辞任を発表した場で滝鼻は「渡邉は1リーグ論者ではない」と語るのだが、すでに渡邉は野崎がセ4球団を「セ6、パ4でも2リーグ制」でまとめに動き出した7月16日、パ会長の小池に「5・5の2リーグ」と伝えていた。

8月23日には滝鼻が読売紙面で「1リーグに向かって推進する気はない」、コミッショナーの根来も同紙の単独インタビューに「10球団でも1リーグありきではない。2リーグでやる選択肢は限りなくある」と述べ、社説は「パが5ならば2リーグ、4になれば1リーグを検討せざるを得ないがいずれかに固執するわけではない」とグループの考えを公式に表明した。

オーナー辞任後、沈黙を通した渡邉は8月27日、突然記者団に向かって「君たちは俺が1リーグ論者だという迷信がある。ただし5・5の2リーグだ」と喝破した。

渡邉の発言を挟むように根来も動く。26日は「たとえ10になっても選択肢はいろいろあり1リーグありきではない」、29日も朝日インタビューに応じて「5・5で2リーグの選択肢もある」と述べたのである。

9月1日、こんどは小池が突然に「コミッショナーの提言は重い。パだけで1リーグの主張はできない」と言い出した。2日のパ理事会で「2リーグ維持」を合意したうえで、小池と日本ハム、西武、近鉄、オリックス球団が連名でロッテ、ダイエー両球団社長へ「英断を求める」と文書を出すに至った。2リーグを維持する。新たな合併でパは4球団を目指す――。7月時点では「5球団ではリーグ維持はできない。4球団になってセに加わり、1リーグとしたい」だったパ側の主張が180度転換したのだ。

9月3日、渡邊が「巨人がパに移ってもいい。5・5の2リーグだ」と語り、ようやく8月末から根来、渡邉、小池が発言した内容の〝正体〟らしいものが見えてきた。

9月6日、選手会は合併の1年凍結がなければ9月11日から土日ごとに合計30試合でスト突入を宣言、実行委員会も正式に合併を承認し暴風圏へ突入したのである。

最後にスト騒動から15年後に宮内が明らかにした発言を紹介しておく。

「パ・リーグが4球団に減ってしまっては、リーグ運営が成り立たないと思った。そこで、わたしは渡邉オーナーに会いにいって話し合った。もはやいったん1リーグにして球界全体を再構築するしかないだろうと、お互いの意見が合致したのです」（「日刊」2019年1月29日）

情報の集積地である読売新聞主筆室での一コマだ。読売東京本社幹部のメモ「宮内　何としても2つは減らさねば」は、まさにこのことだったのだ。騒動当時にこの内容が明らかになっていたら……。それでも、渡邉はやはり「世紀の悪者」になっただろうか。

「義理と人情とやせがまん」の間で

滝鼻が回想したソフトバンク参入までの経緯で最も刺激的なのは、渡邉が８月に「２リーグで行く」と明言していたことだ。自らの失言で社会や選手会から厳しい批判を浴びた渡邉は『文藝春秋』（04年12月号）の独占手記「『たかが選手』発言と一場事件の真相 〝世紀の悪者〟にも言わせてくれ プロ野球ストの争点を衝く」の中で、12球団２リーグ傘下に育成制度として３軍を置く「プロ野球発展の改革案」を明らかにした。

渡邉は手記で「たかが選手」発言が与えた影響やメジャー礼賛論を批判したあと、最後に「プロ野球発展のための改革案」を次のように記した。

「NPB十二球団傘下に、地方の球場を本拠地とする『三軍』を新設し、プロ野球選手人口を倍増させる」

「三軍が一、二軍に昇格するには、十二球団間のドラフトにかけるか（中略）未定。つまり十二球団は、傘下に第三軍を育成組織として保有できる」

「三軍組織も二リーグ制がよかろう」

ほかにも監督、コーチは球団の現役またはOBから派遣、球団名は地元有力企業の協賛でネーミングライツを取り入れるが球団名は残すという。例えば「宮崎・旭化成・ジャイアンツ」などだ。３軍は現行のプロ野球選手の最低年俸制限（４４０万円）を引き下げるほか、１軍選手の年俸減額制限（1億円超30％、未満25％）を見直すことなどで財源を確保する。

球場は全国にある入場人員１万５０００人以上収容の球場をあて、３軍選手をドラフトで入団させるか、別方法かは球界に委ねるとした。

7月のオーナー会議後も渡邉は3軍構想を語った。この時は堤の「もう1組」が実現した場合に3軍を設置する10球団構想だが、具体策はなかった。堤も同日の会見で3軍構想を披露したが、提案は社会人野球と3軍が試合を行う、あるいは3軍と社会人野球90チームが「新日本野球連盟」を結成し対戦するといった案だった。

今回の渡邉案はNPB12球団のもと3軍も2リーグ制で行い、目的は選手の育成、さらに廃部になった社会人野球との連携も打ち出したことで、わずかな具体性が出てきた。

独占手記の提案によって、渡邉が12球団2リーグ制維持を認めたことがはっきりした。では手記を執筆した時期はいつなのか。手記に「付記」があり、脱稿後に横浜・砂原、阪神・久万にも一場事件が飛び火して辞任することになったことに触れている。砂原は10月22日夕、久万は23日午後、辞任を明らかにした。従って、手記の脱稿は22日以前と考えて良い。

当時の野球界は、13日ダイエーが再生機構への支援要請、18日ソフトバンクの孫がダイエー球団を買収し球界参入表明と慌ただしい時期だった。ライブドア・楽天のヒアリングも14日に終わり、一方が参入することは事実上決まり、監査法人の財務調査の結果待ちという状況も重なっていた。

再生機構へ支援要請したダイエーが持つ「ホークス球団」は、機構の管理下に置かれた国営球団状態で存続困難な状況に追い込まれていた。再生機構が企業再建を託す先が球団を持つ意志があるか、あるいは手放すか。宙に浮いた状態で、一歩間違えば再び6・5体制へ戻る可能性もあった。ソフトバンクの参入表明はいわば支援決定前のわずかな時間を突いたものだが、再生機構が売却を認めるかは不確定だった。機構が認めなければ再び6・5となる可能性もある霧の中に置かれた状態である。

その時期に渡邉が「2リーグ12球団」を明記したのは、孫との会談、会談前後の孫やソフトバンクの水面下の動きから、すでに参入を確信できる根拠を見出していたからではないか。

あるいは機構の斉藤への電話も終えて、斉藤の受け答えから一定の感触をつかんでいたのかも知れない。

独占手記で渡邉は「たかが選手」の5文字をマスコミは際限なく繰り返して球界を分裂させ、ストを熱狂的に支持させた、結果として渡邉を「世紀の悪者にするために絶大な効果をもたらした」と振り返り、酔ったうえでの失言だったことも認めた。ただ、質問の前提となった「古田がオーナーと話をしたいと発言した事実」が実際にはないことを理由に、取材方法は人を陥れるアンフェアな「はめ取材」などと激しく糾弾した。

この手記は選手会や一部の識者による大リーグ礼賛への反撃でもある。「大リーグ並みの放映権一括管理」は誤解から生じたことを詳細なデータを引用しながら証明した。日本球界の1リーグ制への動きに対し「メジャーは球団数の拡大で伸びており日本球界も球団数を増やすべし」とする当時の論調にも実例を挙げて事実誤認と反論した。

近鉄の株主が大阪地裁へ近鉄・オリックス合併差し止めの仮処分申請をした際に、選手会の顧問弁護士が代理人を務めたことを「利害相反ではないが怪行動」と疑問を投げかけるなど、いつもの渡邉節を展開し、「2リーグ12球団」傘下の「3軍育成制度」へと筆を進めた。

これは渡邉の事実上の6球団2リーグ宣言に等しい。7月以降の2リーグ制に関する発言へ次のことを挿入、追加しておきたい。

こうした一連の流れを見ると、根来―渡邉―滝鼻―小池が太い実線で、あるいは見えない点線で情報を交換する中で「奇数の構成は避ける」「日本シリーズ、オールスターが可能な2リーグ維持」「理想は6・6」、次善策は「5・5でも2リーグ」「6・4の2リーグは回避」の合意が成立、最後に自由の身の渡邉が独占手記の形であるべき姿を公表したのではないかと考えられる。

渡邉は政治部記者として深い親交があった大野伴睦《ばんぼく》から贈られた墨痕鮮やかな掛け軸「義理と人情とやせがまん　伴睦」を今も大切に保管し、大野を「しばしば利害打算を超越して、いわゆる義理と人情のため犠牲を惜しまない純粋な性格があった」（『派閥――日本保守党の分析』弘文堂、1964年）と高く評価した。

「彼は価値の配分の天才であった。政治資金と官職とを彼ほど巧みに配分したものはいない」

「しばしば敢然として冷や飯を食った。強情で喧嘩早い彼は、また妥協の天才でもあった」

「一徹な一面がありながら、他面、妥協と転身も巧みであった」

04年の球界混乱は、近鉄・オリックスの合併で5球団となるパが、もう1組の合併を実現させて「10球団1リーグ」を目指したことに始まる。そうなれば巨人戦の放映料収入が、パの球団経営に資する。パに泣きつかれた渡邉が「救いたい」と思うのが「人情」だ。しかし巨人と長年苦楽をともにしたセへの「義理」を欠く。渡邉はまさに義理と人情の間で「やせがまん」と葛藤していたのではないか。

巨人戦放映権の価値をパ側にも配分しようとしたが、自身の「たかが選手」発言でマスコミの集中砲火を浴び、セ側からも反対論が飛び出した。そのため10球団となっても「5・5の2リーグ」で一度は妥協しようとしたが、最後はソフトバンク参入を陰から助言し、「12球団傘下の3軍制」に転身したと見るべきだろう。

当時の渡邉は滝鼻のほか少数の役員に加えて、グループ本社法務部長の山口寿一にも時に球界について語った。山口のインタビューから当時の渡邉の心境を映したと思われる一部を紹介する。

「10球団になった場合、パの意志でリーグを解消し、セが合流を受け入れる手順ではないか。そんな資料が私の手もとにあった。適正手続きに敏感な主筆から野球協約や連盟規約と整合する手順を検討せよという指示がない限り、こんなことは検討しない」

「主筆はパが自分の問題として自発的にそういう方向を選ぶべきとの考えだったと思う」

「私の捉え方ではパから『助けて欲しい』と頼まれて引き受けて、いつものように悪者にされた。（主筆の立場を含め）正確な事実はやはり残しておいた方がいい」

こうしたことを含め当時の心境、さらに組織上のガバナンスも聞きたくて、21年以降、複数回しかるべき手順を踏んで取材を申し込んだが回答は得られなかった。

渡邉への取材申し込み時期がコロナ禍と重なったことで、伝法な渡邉節が聞けなかったことが残念でならない。

「2リーグ制」に関する発言 (2004年7月以降)

7月7日	「11球団ならば2リーグ。もうワンペアがない限り2リーグ」(**渡邉恒雄**)
7月13日	「1リーグ制より2リーグ制が良いことははっきりしている。2リーグ制の考えを応援する」(**久万俊二郎**)
7月15日	「来年からの1リーグは難しくないか。(巨人除く) 4球団に呼びかけて意見交換する。協議し話を続けて実現可能な案を示したい」(**野崎勝義**) 「俺がいると話しにくいのだろ。いいんだ、こっちにも考えがある」(**渡邉**)
7月16日	「来季は2リーグ、交流戦行う」(**渡邉**、小池唯夫に語る)
8月7〜9日	「俺は1リーグ論者ではないからな。2リーグで行く」(**渡邉**)
8月13日	「1リーグに向けて推進していく考えはない」「渡邉は1リーグ論者ではない」(**滝鼻卓雄**)
8月23日	「10チームでも最初から1リーグありきではない」(**根来泰周**)
8月27日	「もしパが4球団となっても (根来) コミッショナーは2リーグ維持の私案を出すそうだ」(**仙石由人**)
8月28日	「君たちにはナベツネが1リーグ論者という迷信がある。確かに急に6と4になったら1リーグ制にでもしなきゃと考えたこともあるが、7月の段階で俺は2リーグ制を各方面に説いている。ただし5・5の2リーグ制だ」(**渡邉**)
8月29日	「もう1組が出てくれば選択肢を出す。5・5で2リーグの選択肢もある」(**根来**)
9月1日	「来季セ6、パ4となっても来季のリーグ戦運営について複数の選択肢を提案する」(**根来**) 「パだけで1リーグというわけにはいかない」「コミッショナー提言は重い」(**小池**)
9月3日	「巨人、パに行ってもいい」「5球団ずつなら2リーグ維持も」(**渡邉**)
9月8日	「今日の段階では来季6対5の2リーグ体制でいく」「日本経済は先行き不透明。緊急事態にはオーナー会議で機動的に対応」「9月29日に臨時オーナー会議を開き、交流戦などを審議願いたい」(**滝鼻**)
9月16日	「来週中にNPBへ加盟申請。1年前から球団経営を考えていた」(**三木谷浩史**)
9月23日	「6と4でも2リーグでやる方法はいっぱいある」(**根来**) 「来季パ6球団が理想」「6・6でも交流戦やりたい」(**滝鼻**)
10月18日	「02年からダイエーに (非公式に) 打診してきた。ダイエーが再生機構へ支援要請したので名乗りを上げた。それ以前では不要な混乱を引き起こすと配慮した」(**孫正義**)

おわりに　ロッテの千葉移転秘史

本書の終わりにどうしても触れておくべきことがある。１９９２年にロッテが千葉へ移転する３年前からセが移転に全面協力、千葉市も県からの補助金の一部５億円を返還するなど、多くの〝犠牲〟のうえに移転が成立した歴史についてである。

88年１月、千葉市幕張の海岸を埋めたてた県有地で、プロ野球の試合も可能な広い野球場建設が始まった。この年10月19日、川崎球場で伝説のロッテ・近鉄戦が行われた。逆転優勝をかける近鉄に最下位ロッテが意地を見せて大熱戦となった。が、ロッテ球団事務所には「近鉄優勝、ロッテ敗戦」を願う電話がかかり続けた。「ホームの試合でまさかこんなことが……。屈辱と反省の虚しい時間」を体験した球団代表の松尾守人はその日深夜、千葉への移転を決断した。

球団オーナー重光武雄の同意を得て、11月末にパ会長の堀新助へ千葉移転に協力を仰ぐ文書を提出した。新規参入直後のオリックスオーナー宮内義彦も12月16日、「いずれは千葉へ移りたい」と堀へ打ち明けたが「ロッテが検討中」と堀が退けた。

それほどに球場不足に悩むプロ、アマ球界が注目した新球場名は公募で「千葉マリンスタジアム」と決まった。

89年３月下旬、「千葉の件で聞いてもらいたいことがある」と松尾が食事に誘い、ヤクルトの球団代表田口周《いたる》が「分かった。場所は俺が」と選んだ東京・新橋の小料理屋の個室はすぐチェーンスモーカーの煙に包まれた。

田口は日大卒。母校日大三高監督として「ドジャースの戦法」を駆使して62年春の選抜準優勝、スポーツ紙記者を経てヤクルト入り、2軍監督、代表、社長として辣腕をふるう一方、人を包み込む温かさを備えていた。

松尾は中、高校時代はバレーボール、早大では火野葦平らの文学に熱中した。卒業後は日活のプロデューサーとして数本の映画を作成、のちにロッテへ入社した。笑顔が絶えない表情からは想像できない大胆な発想と行動力を持つ。

野球の奥深さを知る田口は、松尾が何でも相談する5歳違いの兄貴分だった。

ロッテは川崎球場の老朽化と立地環境、ヤクルトは学生野球優先の神宮球場での日程編成と互いに悩みがあった。ふたりの会談目的は千葉マリン球場の利用方法である。

挨拶抜きで松尾は用件を切り出した。

「川崎球場は老朽化が酷い。駅から近い交通至便の場所だが、すぐ隣の競輪場の開催日は球場周辺で昼間から酔っ払いが寝転び女や子供が怖がっている」

「地元の警察に相談してもここはギャンブルと風俗の町とプロ野球を相手にしない」

「千葉県は巨人と戦うヤクルトの千葉進出を楽しみにしている。それを承知のうえでお願いします。ここは一つ千葉から手を引いていただけませんか」

すでに首都圏で唯一本拠地球団がない県、市と折衝を始めたことも説明した。田口は酒を口に含んだまま室内に漂う紫煙をじっと見ていた。

そして、「権利の保証」で松尾に切り込んだ。「松尾さん、仮にロッテが千葉を本拠地にすれば他球団は試合できないよね。それでもヤクルトが試合する権利を保証できるの。そこを聞きたい」

「もちろん」と松尾が即答した。田口も新球場で公式戦10試合程度開催可の感触を市から得ていた。沈黙が続いた。

「俺たちセ球団が来年手出ししないのに、本拠地が実現しなければどうする」

「その時は私が責任を取って職を辞することでお許しいただけないか」

「分かった。松尾さん、職を賭けた男の気迫にはかなわないよ。頑張ってください」

田口は少し笑って手を差し出した。ロッテの千葉移転を後押しするために、球場完成後も1年間は試合をしないとこの場で決断した。田口の男気である。

小料理屋の様子や会話を松尾は業務日誌で確認し、記憶を呼び起こして語った。

「プロの本拠地とならない限り、千葉マリンで来季試合をしない線でセをまとめた」。田口の電話に松尾は受話器を握ったまま、何度も深く頭を下げた。４月８日、平成元年（１９８９年）のプロ野球開幕からしばらく経っていた。

このころ、千葉の財界やマリン球場から90年春の球場完成に備えて、セ会長の川島廣守や各球団へ公式戦、オープン戦開催の陳情が続いた。千葉マリン球場の役員が元総理竹下登の事務所を通じて川島へ、来季セ公式戦10試合以上の開催を頼んできた。竹下官房長官時代の副長官川島は「プロの本拠地にならなければ試合をしないコンセンサスがある」と断った。セ各球団の一致した協力姿勢を田口が川島へ報告していた。

7月のセ理事会で川島は「プロ野球の将来に備え、千葉マリンをロッテの本拠地としたい。リーグ全体で協力しよう」と改めて結束を促した。その後、川島はセ事務局長の渋沢良一と松尾を自室へ招き、千葉マリンの運営で県と市の対立状況を説明し、必要なら出馬すると語った。

千葉県と市の対立は、県有地に建つ市営球場の運営を巡る考えの違いから生じた。市営球場の建設費は87億円。市債54億円、市の一般会計から18億円、県の補助金15億円が内訳である。起債は県と自治省が「県民、市民の球場」、「特定球団の本拠地とはしない」条件で認めた。市長の松井旭は「球場の管理運営を万全にする財源」「人口流入が続く県民の一体感醸成のシンボル」として将来のプロ球団誘致を考えていた。

両者の対立情報は、千葉財界の重鎮で川島の海軍時代の同僚が「役に立てば」と伝えてきた。川島は幅広い人脈に次々と手を打った。

10月中旬、ロッテ総帥重光武雄と竹下が会談、月末に竹下が朝食会に千葉県知事の沼田武を招き、「ヤクルトは千葉に出たがっている。それでもセ会長の川島君は球界の将来を考えてロッテの千葉移転を応援している。セ会長の大局的な志を大事にしてくれないか」と諭した。

11月。千葉県副知事が松尾へ「県は千葉マリンを本拠地とすることに反対しない。最終判断は千葉市だ」と事実上の本拠地容認を伝えた。

90年3月24日、千葉マリンはロッテ・巨人戦で球場開きを飾った。市側は当初、巨人・阪神戦で25日開場を目指したが、川島が関係先に配慮を求め、変更につながった。

4月。松尾が自治省幹部に千葉マリンの一連の経過を説明し、好意的な反応を得た。川島が国会議員に両者の会談をセットするように依頼していた。

６月。自治省は千葉市へ「本拠地に問題なし」と正式見解を伝えた。

それでも県からの補助金15億円が問題化した。県民、市民のための球場の前提は、実際に球場をオープンする年間３００日すべてではないか。プロの本拠地ならば少なくとも65日間はプロの試合がある。県、市民の利用日数は２割強減少する。それなら２割相当の補助金３億円を返還させよとの声である。一部から全額返還の強硬論も出た。市から５億円返還、市長名の「見通しを誤った」との「顚末書」提出によって事態は決着した。

11月下旬。千葉市長からＮＰＢ宛ての「千葉を本拠地とする適切な球団の推薦を願う」文書が完成した。ロッテ以外に候補がなくても、税金を投じた施設の使用に私企業１社のみを推薦できないという理由からだった。

すでに本拠地移転の届出期限「前年11月30日」まで数日と時間的なゆとりがない。川崎市でロッテ残留を求める市民運動が展開中であることなどを理由に、ロッテは申請を見送った。

91年７月、ロッテオーナー代行重光昭夫がオーナー会議で初めて千葉移転の希望を表明、９月の実行委が移転承認、10月31日のオーナー会議が移転を最終承認した。ロッテが千葉へ移転目標を決めて３年が過ぎていた。

セの働きが際立つロッテの千葉移転だが、松尾は最初に県知事への折衝をコミッショナーの吉國一郎やパ会長の堀新助に依頼した。吉國は「ロッテ球団代表の松尾氏をご紹介します」と書いた名刺を松尾へ渡した。それだけだった。堀は知事へ「本拠地に関して」と面会を申し入れ「時期尚早」と断られた。以降は活動を控えた。

これらの苦い体験から松尾はセへの直接接触へ踏み切り、89年１月、川島へ直接会って支援を求めた。プロ野球の本拠地移転はライバルと直接談判、別リーグ会長の懐に飛び込む熱意や決断、手間と時間がかかることを松尾の活動が証明している。

ひるがえって2004年のロッテ・ダイエー合併構想を見ると、松尾や田口のように汗をかいた人物は見当たらない。あるのは「もう1組」を目指す堤の声と、間接的に〝御大〟の考えを伝えた側近や球団幹部の虚しい発言に過ぎない。

06年1月、20年に及びセ会長、コミッショナーとして球界へ貢献した川島は野球殿堂入りした。その際に喜びとともに次のような警句を発した。

「プロ野球が単なる商品として扱われてしまっている。スポーツは努力、勇気、美意識といった心の部分が重要視されるもので『儲かる、儲からない』といった功利主義でとらえるものでは断じてない。行方がとても心配です」

川島がインタビューに応じる3日前の1月16日、東京地検特捜部はライブドアの関連子会社を証券取引法違反（偽計取引、風説の流布）容疑で関連会社やライブドア本社などの家宅捜索に踏み切った。社長の堀江貴文は04年の球界混乱の際に突然「近鉄買収」を表明し、一躍時代の〝寵児〟ともてはやされた。その最中に水増し決算で株価を釣り上げた容疑である。川島の発言はそのことと関連したものだ。

プロ野球始まって以来の危機と言われた選手会ストを契機に「セパ交流戦実施」「新規加盟料の目的明確化」「観客の実数発表」「プレーオフ実施」など多くの果実が生まれた。危機をバネに球界は進化を遂げた。

騒ぎから20年目を迎えた24年、オリックス・山本由伸、横浜・今永昇太、楽天・松井裕樹が激しい争奪戦の末にドジャース、カブス、パドレスへ入団した。それぞれに投の主軸として活躍が待たれる。日本球界のレベルを証明する喜ぶべき現象だが、球界の空洞化の心配もある。一方で一貫した侍ジャパンのシステム、女子野球の発展拡大や新たにプロ野球の２軍に２チームが参加するなどすそ野拡大への光もほのかに見える。

少子化が進む日本社会で、球界はやがて野球選手の絶対数不足、観客の減少などの試練に直面する。その時、日本の野球界に再び苦境を跳ね返すバネが働くかが問われる。

スーパースター大谷翔平とＷＢＣ世界一で野球への関心は急速に高まっている。東京ドームの野球殿堂博物館を訪れる小、中学生はＷＢＣで勝ち取った優勝トロフィーの前を動こうともしない。関心が高い今からの数年間が、国民生活に溶け込んだ野球の将来の発展の基礎を築き上げる最大にして二度とない好機かも知れない。

「ピンチの後にチャンスあり」「チャンスの後にピンチあり」という。チャンスを拙攻、拙走などで逃して敗れれば「負けに不思議な負けなし」という格言のとおりになる。

新聞、書籍など活字文化が残した04年騒動の精緻な記録を読み返し、いくつものポイントとなる「点」に気がついた。多くの関係者からの貴重な話、メモをもとに「点」を「線」で結んで激動期の球界の深層部にたどり着いた今、この格言を思い浮かべながら、球界の限りない発展を強く願っている。

謝辞

球団の合併、新規参入、買収そして選手会のストライキ――プロ野球にとって２００４年という年は空前絶後の危機の年だったが、危機はさまざまな動きが複雑に絡み合いながら進行したため、発言の真意やものごとの因果関係がとてもわかりにくい。世論と報道が過熱したあの年、球界の深層で何が起きていたのか。本書で曲がりなりにも謎解きができているとしたら、５年余の間に多くの方々から貴重な話をうかがえたことによる。

コロナ禍の最中でも複数回の取材に応じてくれた方がいた。過密なスケジュールから時間を捻出し約束の時間を超えて語ってくれた方がいた。匿名を条件に古びた業務日誌を「こんなこともあった」と見せてくれた関係者の指先に「○○氏怒る」（○○は実名）の文字を認めたこともあった。多くのメモと新聞報道を突き合わせるうちに、次第に記憶がよみがえることもあった。

『１９８８年のパ・リーグ』に続き、新潮社の方々にも多くの貴重なアドバイスをいただいた。

「正確な野球史を残したい」という著者の希望に応じてくださった方々に感謝の気持ちを込めて、お名前を記したい。合わせて匿名で重要な事実を語っていただいた実に多くの方々、歴史的な瞬間を捉えた数々の写真を提供いただいた報知新聞社にこの場を借りて心からお礼を申し上げる。

伊藤修、井上智治、岡本直之、岡田葉二朗、観堂義憲、小嶋武士、後藤芳光、斉藤惇、瀬戸山隆三、滝鼻卓雄、寺尾博和、梨田昌孝、名取広紀、野﨑勝義、長谷川一雄、平田竹男、堀口晴正、松尾守人、宮内正英、村田繁、持田昌典、山口寿一

主な参考文献（刊行年順）

『派閥――日本保守党の分析』渡辺恒雄　弘文堂　１９６４年

『わが安売り哲学』中内㓛　日本経済新聞社　１９６９年

『運をつかむ　事業と人生と』佐伯勇　実業之日本社　１９８０年

『堤義明は語る　休日が欲しければ管理職を辞めろ』上之郷利昭編　講談社　１９８４年

『スポーツは地球を回る――特派員物語』伊藤修　早稲田大学出版部　１９８５年

『ロッテのあゆみ40年　そして、未来へ』「ロッテのあゆみ40年」編纂委員会　ロッテ　１９８８年

『中内㓛のダイエー王国』大下英治　社会思想社　１９９３年

『読売新聞百二十年史』読売新聞社編　読売新聞社　１９９４年

『波瀾興亡の球譜――失われたライオンズ史を求めて』坂井保之　ベースボール・マガジン社　１９９５年

『君よ日に新たなれ　鉄路を走り続けた男　佐伯勇伝』軒上泊　中央公論社　１９９８年

『カリスマ　中内㓛とダイエーの「戦後」』佐野眞一　日経ＢＰ社　１９９８年

『天運天職　戦後政治の裏面史、半生、巨人軍を明かす』渡邉恒雄　光文社　１９９９年

『金融行政の敗因』西村吉正　文藝春秋　１９９９年

『感動の軌跡　大阪近鉄バファローズ創立50周年記念誌』大阪近鉄バファローズ　２０００年

『激動！ニッポンプロ野球　２００４年　熱い日々の記録から』坂井保之　生活情報センター　２００４年

『ドキュメント　ダイエー落城』日本経済新聞社編　日本経済新聞社　２００４年

『スト決行　プロ野球が消えた2日間』朝日新聞スポーツ部　朝日新聞出版　２００４年

『球界再編は終わらない』日本経済新聞社編　日本経済新聞社　２００５年

『闘争　渡邉恒雄の経営術』三宅久之　ぺんぎん書房　２００５年

『勝者もなく　２００４年日本プロ野球選手会の１０３日』日本プロ野球選手会　ぴあ　２００５年
『西武事件　「堤家」支配と日本社会』吉野源太郎　日本経済新聞社　２００５年
『〝教祖〟降臨　楽天・三木谷浩史の真実』児玉博　日経ＢＰ社　２００５年
『わが人生記　青春・政治・野球・大病』渡邉恒雄　中央公論新社　２００５年
『「西武王国」崩壊　カリスマ断罪と再生への迷走』共同通信社経済部　東洋経済新報社　２００５年
『ライブドア監査人の告白　私はなぜ粉飾を止められなかったのか』田中慎一　ダイヤモンド社　２００６年
『トップスポーツビジネスの最前線　勝利と収益を生む戦略』平田竹男、中村好男　講談社　２００６年
『渡邉恒雄回顧録』御厨貴ほか　中央公論新社　２００７年　★07年は文庫版、単行本は２０００年
『虚構――堀江と私とライブドア』宮内亮治　講談社　２００７年
『君命も受けざる所あり　私の履歴書』渡邉恒雄　日本経済新聞出版　２００７年
『孫正義　世界20億人覇権の野望』大下英治　ベストセラーズ　２００９年
『中内㓛　生涯を流通革命に献げた男』中内潤、御厨貴　千倉書房　２００９年
『近畿日本鉄道１００年のあゆみ』近畿日本鉄道株式会社　２０１０年
『読売巨人軍75年史』読売巨人軍75年史編纂委員会編　読売巨人軍　２０１０年
『ダメ虎を変えた！　ぬるま湯組織に挑んだ、反骨の11年』野崎勝義　朝日新聞出版　２０１１年
『ザ・ラストバンカー　西川善文回顧録』西川善文　講談社　２０１１年
『孫正義奇跡のプレゼン　人を動かす23の法則』三木雄信　ＳＢクリエイティブ　２０１１年
『プロ野球血風録』坂井保之　新潮社　２０１２年
『プロ野球もうひとつの攻防――「選手vsフロント」の現場』井箟重慶　角川マガジンズ　２０１３年
『〝明日〟を追う　私の履歴書』宮内義彦　日本経済新聞出版　２０１４年
『奈良に育まれ　電車にのって　青山をみる』山口昌紀　奈良日日新聞社　２０１５年
『専横のカリスマ渡邉恒雄』大下英治　さくら舎　２０１５年
『検証　バブル失政　エリートたちはなぜ誤ったのか』軽部謙介　岩波書店　２０１５年

『バブル　日本迷走の原点』永野健二　新潮社　２０１６年
『孫正義　３００年王国への野望』杉本貴司　日本経済新聞出版社　２０１７年
『スポーツビジネス 最強の教科書〔第２版〕』平田竹男　東洋経済新報社　２０１７年
『近鉄中興の祖　佐伯勇の生涯』神崎宣武　創元社　２０１９年
『平成経済　衰退の本質』金子勝　岩波書店　２０１９年
『１９８８年のパ・リーグ』山室寛之　新潮社　２０１９年
『ネット興亡記　敗れざる者たち』杉本貴司　日本経済新聞出版　２０２０年
『経営者交代　ロッテ創業者はなぜ失敗したのか〔続〕重光武雄論』松崎隆司　ダイヤモンド社　２０２２年
『砂まみれの名将　野村克也の１１４０日』加藤弘士　新潮社　２０２２年
『諦めないオーナー――プロ野球改革挑戦記』宮内義彦　日経ＢＰ　２０２３年

２００４年のできごと

１月

30　プロ野球コミッショナー川島廣守勇退、根来泰周就任決定

31　近鉄球団命名権35億円で売却検討中と朝日新聞が夕刊でスクープ。夜、球団社長の永井が会見

２月

05　近鉄命名権売却を白紙撤回

25　西武・堤義明「弱いところが潰れた方が球界は活性化する」とキャンプ地で発言

３月

03　コミッショナー根来が日本記者クラブで会見「交流戦は面白いと思う」「12球団制は永続的か」

27　パ開幕。月末に東京ドームでメジャー開幕戦のためセ開幕は４月２日

４月

14　警視庁が３月に摘発した西武鉄道の総会屋利益供与事件で堤が鉄道会長を辞任

20　巨人・渡邉恒雄「ダイエー球団の興行権は外資へ移った」

26　実行委員会。根来「野球協約は時代の変化に対応できない。協約改正を」

５月

10　近鉄本社社長・山口昌紀、オリックス・宮内義彦が極秘会談し合併で合意

24 西武鉄道、3月期連結決算で赤字85億円と発表。企業倫理対策に取り組む姿勢を強調

25 コクドの社内調査で、保有する西武鉄道株に大量の名義株が含まれていることが判明、公表せず

6月

13 日経スクープ「近鉄球団　オリックスに譲渡交渉」。近鉄が会見し交渉認める

14 新聞各紙「リーグ再編」「1リーグか」と一斉に報道。ロッテ球団社長「白馬の騎士になる」と球団代表へダイエーとの合併準備指示。阪神久万俊二郎1リーグ賛意

16 近鉄社長山口が読売東京本社で渡邉へ経緯説明。前後して球界要人の渡邉訪問が急増

21 実行委員会。パは5球団によるリーグ運営方法を明言せずセに不信感募る

30 ＩＴ企業ライブドア社長堀江貴文が東京証券取引所で記者会見、近鉄球団買収の意向を表明

7月

07 オーナー会議で合併を大筋承認。最終承認は秋の同会議で。堤「もう1組の合併、実現したら1リーグを」と議題外発言。議長の渡邉「パ5ならば2リーグ、4なら1リーグある」と私見語る

08 「選手会長がいずれオーナーと会いたがっているが」と聞かれた渡邉が「無礼なことを言うな、たかが選手が……たかが選手だって立派な選手もいるが」と発言。合併、1リーグ反対論広がる

13 阪神久万が「1リーグより2リーグが良い」と方針転換表明

16 阪神球団社長・野崎勝義が広島、中日と個別会談、23日は横浜、ヤクルトと同時会談し「来季2リーグ維持」で賛意を得る。「反巨人連合」と巨人は不快感

渡邉がパ会長小池唯夫に「来季は2リーグ、交流戦行う」と私案示す

26 実行委員会。1リーグで消える日本シリーズ、オールスターの代案検討も具体案なくセパの対立強まる。実行委議長豊蔵一が「議論は正規の場で」と野崎へ注意促す

8月

05 三井住友頭取「主力3行はダイエー再建に再生機構利用で一致している」

13 巨人スカウトが大学生に現金を供与し、渡邉がオーナー辞任。後任の滝鼻卓雄が謝罪し「渡邉は1リーグ論者ではない」「1リーグ推進はしない」と語る

20 西武鉄道取締役会で監査役が名義株を報告、有価証券虚偽記載にあたると指摘

23 読売紙上で滝鼻所信表明「1リーグありきの考えはない」「交流戦はどうか」「新規参入が正式な議題になればルールに従い審査する」

27 「10球団でも2リーグ制」と根来が国会議員に伝えた、と日経など各紙が報道

28 渡邉が「1リーグ断念　10球団でも5対5で交流戦」（スポニチ）など各紙が報道

29 根来「球団潰れては仕方ない　各5チーム2リーグも」と朝日インタビューで発言

9月

01 パ会長小池「パだけで1リーグ主張できない。コミッショナー発言は重い」

02 パ臨時理事会。ダイエー、ロッテ球団社長あてに、小池と残る4球団名で「早期合併の英断を要望」と〝連判状〟を作成。2リーグ制維持へ方針転換

03 「巨人パに移ってもいい」。毎日が前オーナー渡邉のインタビューを1面ほかで詳報。小池「7月16日、渡邉さんからその案をなるほどと拝聴した」

06 選手会「合併の1年凍結の要求飲まねばスト」決める。実行委は両球団の合併を承認。選手会とNPB正面衝突迫る
夕刻から読売新聞グループ本社法務部長、新規参入の候補企業探しを友人へ依頼

07 報知がダイエー・コロニー間の「入場券・物品販売等の契約」スクープ。「外資に実質経営権」など野球協約に触れる可能性指摘

08 オーナー会議で合併承認。もう1組は実現せず。「今日の段階で来季はセ6、パ5の2リーグ制」。パ救済に29日に臨時オーナー会議を開き、交流戦可否など審議決定。「日本経済は先行き不透明。緊急事態にはオーナー会議で機動的に対応」と議長滝鼻が総括

09 滝鼻「来季は6と5。当てはないが有力企業が参入表明あれば緊急事態」。選手会とNPBの協議・交渉委員会開催（〜10日）

10　前日来10時間超の協議・交渉委員会で11日からの2日間のストを回避。ＮＰＢは「来季セ6以上、パ5以上」「加盟料の条件緩和」「加盟促進の積極的検討」など確約

15　楽天、球界参入を表明

産業再生機構、非公式な形でダイエーの資産査定に着手。このころソフトバンクの「ホークス球団」買収検討作業本格化

17　選手会とＮＰＢ感情面もつれ、言葉の行き違いで18日から2日間のスト決定

18～19　2日間のストでセパ12試合流れる。代替試合なければダイエーの1位確定

23　選手会とＮＰＢ、「05年の12球団制視野に、新規参入球団資格審査」「審査のめど1か月」「加盟・参加料撤廃し、預かり保証金制度とする」で合意しスト終結

27　オーナー会議。交流試合決まる。滝鼻「来季6・6でも交流戦やる」

10月

06　ライブドア、楽天の第1回ヒアリング。一部公開

13　ダイエー社長が午後6時前、経産大臣中川昭一へ再生機構に支援要請すると報告、同時刻に堤が名義株問題でグループ全役職辞任発表、球団オーナーも日本シリーズ後辞任へ

このころソフトバンク社内、球界参入表明前に接触すべき個人、団体の確定急ぐ。渡邉も対象

15　ソフトバンク社長孫正義、福岡県知事麻生渡への面会申し込む

18　孫が福岡県知事と面談後、福岡、東京で連続会見しダイエー買収希望を表明

26　水面下でソフトバンクと福岡ドーム所有のコロニーが連名でダイエーに対し「球団売却先にソフトバンク社推薦」の申立書提出

28　孫が巨人滝鼻へ「コロニーが持つ野球に関する興行権など諸権利を取り戻した」と水面下の行動を報告。再生機構も「前向き」という。球団売却のことか？

11月

02 オーナー会議で楽天の参入決定。「永続的な球団経営が可能かを審査した結果。球界への熱意は互角」と議長滝鼻

03 ＮＨＫが「ダイエーは球団株２割を残し球団売却検討」と報道

04 読売、朝日朝刊は「ダイエーの球団売却に現実味」と報じる

05 日経「ホークス売却先　米コロニーが指定　秘密契約」報じる

12 孫とダイエー新社長蓮見敏男が直接対面、球団売買で合意。表明から25日目

15 実行委。ダイエー球団代表が03年暮れにコロニーへ与えた球団売却先の推薦権の詳細を説明、ソフトバンクの「ホークス」買収が事実上決着

12月

06 ソフトバンク社公開ヒアリングに孫出席、「コロニーが持つ興行権は買い取る。年間48億円で球場を最低20年は賃借する」と語る

24 オーナー会議でソフトバンクの球団買収決定、孫と王が記者会見で球団名「福岡ソフトバンクホークス」を発表し黒と黄色基調のロゴマーク披露

山室寛之 Hiroyuki Yamamuro

野球史家、日本エッセイスト・クラブ会員。

1941年北京生まれ。64年九州大学文学部卒、読売新聞社入社。広報部長、社会部長、西部本社編集局長を経て、98年6月東京読売巨人軍代表、2001年読売新聞社総務局長、03年読売ゴルフ社長を歴任。

社会部記者時代は警視庁クラブで「プロ野球黒い霧事件」、「富士銀行不正融資事件」などを取材。警視庁キャップ時は「三浦和義事件」、「グリコ・森永事件」、社会部次長時に「リクルート事件」担当デスク、社会部長時は「オウム真理教事件」、「阪神・淡路大震災」などへの取材対応を指揮した。巨人軍代表として2000年の「ON決戦（ダイエーホークスと巨人による日本シリーズ）」を体験。

『マネー犯罪』（ダイヤモンド社）、『野球と戦争』『プロ野球復興史』『巨人V9とその時代』（中央公論新社）、『背番号なし　戦闘帽の野球』（ベースボール・マガジン社）、『1988年のパ・リーグ』（新潮社）など著書多数。

2004年《ねん》のプロ野《や》球《きゅう》　球界再編《きゅうかいさいへん》20年《ねん》目《め》の真実《しんじつ》

著者　山室寛之《やまむろひろゆき》
発行　2024年5月15日

発行者　佐藤隆信
発行所　株式会社新潮社
〒162-8711　東京都新宿区矢来町71
電話：編集部　03-3266-5611
　　　読者係　03-3266-5111
https://www.shinchosha.co.jp

カバー写真提供　報知新聞社
装幀　新潮社装幀室
印刷所　錦明印刷株式会社
製本所　加藤製本株式会社

乱丁・落丁本は、ご面倒ですが小社読者係宛お送り下さい。

送料小社負担にてお取替えいたします。

ISBN978-4-10-352732-9 C0095
価格はカバーに表示してあります。